MÜNZEN

世界钱币2000年

【德】伯纳德·克鲁格（Bernd Kluge） 著

杜涵 译

中国友谊出版公司

图书在版编目（CIP）数据

世界钱币 2000 年 / （德）伯纳德·克鲁格著；杜涵译. -- 北京：中国友谊出版公司，2021.9

ISBN 978-7-5057-5154-5

Ⅰ. ①世… Ⅱ. ①伯… ②杜… Ⅲ. ①货币史－世界 Ⅳ. ① F821.9

中国版本图书馆 CIP 数据核字 (2021) 第 043936 号

著作权合同登记号　图字：01-2021-4573

书名　世界钱币 2000 年
作者　[德] 伯纳德·克鲁格
译者　杜　涵
出版　中国友谊出版公司
发行　中国友谊出版公司
经销　新华书店
印刷　河北鹏润印刷有限公司
规格　880 × 1230 毫米　32 开
　　　　6 印张　128 千字
版次　2021 年 9 月第 1 版
印次　2021 年 9 月第 1 次印刷
书号　ISBN 978-7-5057-5154-5
定价　49.00 元
地址　北京市朝阳区西坝河南里 17 号楼
邮编　100028
电话　（010）64678009

前　言

本书旨在于有限的小空间内演绎宏大的话题。看似不起眼的小小硬币，在绵延2500年的人类历史中几乎无处不在，这使它成为一个涉及面极广又缤纷多样的探讨话题，甚至在这样长达2500年的探讨框架内都难以完全讲清。因此，讲解的艺术首先应该是一门省略与压缩的艺术。尽管如此，本书除了对钱币的主要历史发展脉络进行梳理之外，还考虑到了所有大洲的情况，并提供了一份简要的硬币概览，其中也包含了钱币学的基本概念等知识，供读者参考。

本书末尾的若干页提供了按铸造时间与主题类别排列的硬币图录。文本中方括号内的数字指的是硬币的序号。本书所有的硬币图例（除第148—151号投资金币外）均复刻自柏林国家博物馆钱币陈列室的藏品。由于篇幅限制，在大多数情况下，图例只展示了硬币的其中一面。您可以在钱币陈列室的交互目录中方便快捷地在线查阅硬币另一面的图例和更详细的介绍。

当您查阅时,您必须输入每个硬币各自以182开头的八位数编号。此外，柏林钱币陈列室的硬币交互目录目前还包含了超过2.6万个其他条目，这些条目为深入研究世界各地和不同历史阶段的硬币提供了丰富的资料。该硬币交互目录的条目数量目前正持续增长。

目　录

CONTENTS

[第一章]

硬币与货币——钱币学的基本概念

硬币是人类最天才的发明之一，因为它将一个相当复杂的过程，即买卖双方的交易以及财富的获取、累积与流通进行了简化。即使自公元 18 世纪以来，硬币的功能被纸币和票据所分担，其自身逐渐沦为“零钱”，硬币自古希腊罗马时期至第一次世界大战都几乎未变地履行着这种最重要的货币功能，这主要归功于它自身的贵金属价值，其次归功于国家公信力的担保。

时至今日，硬币通常仅作为零钱使用，它不再有自身的贵重价值，只有国家担保的价值。人们在购物时会觉得翻找硬币十分麻烦，总体而言，我们越来越不依赖现金，更不依赖硬币。硬币实际上已经被时代抛弃，一个完全没有硬币的未来并非天方夜谭。然而，这样的情况还为时尚早，我们不妨多了解一下这位忠实陪伴了人类超过两个半世纪的重要伙伴。

硬币不仅仅是货币，还是人类文化史的重要部分。它的图像和文字几乎反映出了当时人们的一切，包括他们的生活、信仰、行为等，而这些映像也绝非毫无偏颇：统治者的映像出现得比被统治者的要多得多，男人的映像出现得比女人的要多得多，胜者的映像出现得比败者的要多得多。从字面上来看，硬币的历史是可以触摸的历史。您又能在哪里、用何种方式，才能像研读钱币史一样直接触及人类世界的“伟人”（亚历山大大帝、查理曼大帝或腓特烈大帝），甚至将他们握在手中呢？如果您对历史充满兴趣，硬币有许多故事想告诉您。

1. 硬币是什么

德语的硬币一词（münze）来自拉丁文 moneta。一个最简单的说法是：硬币就是国家金属货币。硬币在过去和现在都不是唯一的货币形式，但它是漫漫历史长河中生命力最强、运用范围最广的货币形式。时至今日，人们也依然在铸造硬币。硬币通常具有正反两面，很少出现如中世纪的布莱克梯特硬币、近代的“凹陷的芬尼”一样只有一面的情况。硬币的形状一般是圆形或者近似圆形，它可以通过二次印记的方式，如压印或检验标记，进行追加改动。

硬币是由金属制成的。最早的硬币诞生于公元前 7 世纪，它的材质是琥珀金，这是一种天然的金银合金。约公元前 6 世纪，在因财富被广为人知的吕底亚（现在的土耳其西部）国王克罗伊斯的统治下，琥珀金硬币被单一成分铸造的金币与银币所取代。罗马人在金和银这两种铸币金属中加入了铜，一部分是纯铜，一部分加工成了青铜或黄铜。青铜是铜和锡的合金，黄铜是铜和锌的合金。

比朗指的是与 50% 以上的铜混合的银。自公元 19 世纪以来，镍也成为一种铸币金属，大多数现代硬币由各种镍铝合金、镍铜合金以及镍锌合金铸成。铸币常用的所谓锌白铜（德国银）就是一种铜镍锌合金。

在贵金属硬币时代，硬币的法定成色十分重要。它非常精确地确定了重量与纯度，即一枚硬币的硬币重量（粗重）和贵金属含量（净重）。这种纯度由制币人规定，是其领土范围内生效的法律条文。今天，依法有权进行硬币铸造的制币人是国家。在古希腊罗马时期、中世纪和近代早期，铸币权是由各国君主，即享有最高权力的统治者所行使的：在罗马帝国是皇帝，在君主制国家是国王，在集权程度相对较低的国家也有地区或地方统治者（公爵、伯爵、主教、修道院、市政厅等）。硬币铸造直到公元 18 世纪都一直被视为一种有利可图的生意。制币人理应获得硬币红利，或者更准确地说，获得铸币利润。在查理曼大帝时期，大约 10% 的铸币利润被认为是正常的，其中 5% 是铸造成本，5% 是实际利润。坐拥贵金属矿的制币人比那些外购铸币金属的制币人获利更多。因此，后者有时会屈服于利润的诱惑，通过减少硬币的贵金属含量来提高利润率。这一现象最著名的例子是三十年战争初期的挑拣与压秤时代。除了可以在经济方面获得利润，铸币还可以作为统治权的一种表达方式，因此它在声望方面也意义重大。罗马的僭主（僭主是指通过非法手段取得统治权的君王）、伊斯兰的权贵或者德国的小诸侯在上台后都欣然发行了自己的一套硬币，就是为了宣告世人其政权的统治权威。

硬币的印纹由图像和文字构成。这些文字既可以呈环状铸在硬币外缘，也可以铸在硬币的币面内，术语称之为题铭。从罗马时代到公元 18 世纪，硬币上的文字全是拉丁语。

当需要对硬币的正反面做出判断时，依据经验，正面往往会出现权力所有者，也就是说，提及制币人的那一面是正面。这里所说的制币人可以是古希腊罗马的统治者、中世纪的城市、近代的诸侯，也可以是现代的国家。

有流通能力的货币指的是制币人在各自领土中发行的硬币，今天则指的是国家或者货币共同体。在古希腊罗马时期、中世纪和近代早期，货币的流通有效区域要小得多，通常不会越过城市边界。因此，当时人们对硬币的检查要仔细得多，人们很少在没有细查的情况下接受硬币。印刷的授权书上会准确写明非本土硬币的兑换价值和禁止流通的硬币特征。货币的优劣可以通过硬币上的盖印（戳记）来进行区分，例如公元 14 世纪的波希米亚格罗申 [68] ①或德国挑拣与压秤时代的 2 先令币。这样的戳记还可以用来表示货币价值的变化（例如公元 17 和 18 世纪的西班牙硬币与葡萄牙硬币），或使外来货币合法化（例如公元 17 世纪在俄罗斯流通的德国塔勒，即所谓的耶菲莫克 [108]）。

---

①方括号内的数字为后附硬币图片序号

2. 硬币的工艺

硬币是在专门的工厂，即造币厂进行铸造的。时至今日，德国仍旧保留了五个旧时的造币厂——作为过去封建领地制度的遗产，尽管鉴于现在极高的自动化水平与相应的高产出率，只有一个造币厂存在就足够了。当我们仔细观察欧元硬币时，可以在硬币背面的年份旁边或者年份下方找到相应造币厂的标记：标记 A 表示柏林，标记 D 表示慕尼黑，标记 F 表示斯图加特，标记 G 表示卡尔斯鲁厄，标记 J 表示汉堡。

硬币制造在早期是重体力劳动，相应而言属于劳动密集型产业。从古希腊罗马时期至公元 16 世纪，硬币的铸造工艺几乎没有任何变化。首先，铸币金属必须被加工成正确的合金和形状。为了达到这个目的，金属首先被熔化，然后浇铸或切割成各种形状。这些经过准备工序后得到的金属块（金属片或金属条）被称为金属坯盘或者坯饼。从坯饼中切割或冲压得到小金属锭。这些小金属锭就是铸币毛坯，即形状和重量与最终的成品硬币相同，但仍旧没有币图的金属片。硬币的币图是在压印过程中印在铸币毛坯上的。为了印刻币图，铸币毛坯通常被放在牢固嵌于铁板或铁砧的下模上。然后用手把上模放在铸币毛坯上，并用锤子击打铸造硬币，也就是说，铸币毛坯内的金属会通过冷变形被压缩进模具的凹口，以此形成硬币图像。在经过这种上模为铁、下模为柱的压印后，会出现阴刻的硬币图像。铸币的模具不是通过活字凹版印刷（切割）就是通过图文冲压制作而成。有时出于特殊目的，圆形的模具也会从四方形的铸币毛坯中制成，也就是所谓的剪边（klippen，来源于瑞典语 klipping，意思为“切下”）。剪边时偶尔也会制造出四方形的模具（例如用于射击奖酬）。在人们需要用到钱币但无法进行硬币铸造的特殊时期，不规则的硬币形状十分常见（例如在围攻城市和要塞的时候）。

从公元 17 世纪开始，铸币的机械化程度有所提高。锤打制造硬币的方式被滚压机（切割机）、冲饼机（光边机）和螺旋压力机（曲杆压力机）所取代，从而使制造过程变得更快，制造出的硬币质地也更均匀。公元 1817 年，德国工程师迪特里希·乌尔霍恩（公元 1764—1837 年）在格雷芬布罗伊希制造出了第一台自动铸币机——肘杆式压力机。乌尔霍恩所制造的肘杆式压力机，在公元 1900 年前后可以达到每分钟铸币 50 至 70 个的水平。而到了今天，柏林造币厂的铸币机每分钟可产出的硬币高达 800 至 900 个。

3. 硬币的面额与名称

每一枚硬币都有自己的面额（面值）。今天，硬币的面值都被一目了然地印在了硬币上。但是这种在硬币上刻印面值的习惯从公元 17 世纪开始才慢慢变得频繁，自公元 19 世纪以来才成为一种习惯，因此，许多硬币只看表面是无法得知它们在流通时的面值的。对于塔勒或者更大的银币而言，它们的面值直到公元 19 世纪都是固定不变的，金币的面值则直到今天都一直取决于它自身所含的贵金属含量。即便如此，这些硬币在交易中也必须进行命名和区分。大量的硬币名称来源于硬币自身的外形、图像、材质或产地。雅典的 4 德拉克马就因其币图而被称为“猫头鹰”银币 [6]。奥流斯 [24]（拉丁语意为“黄金的”）和古尔登（金币） [78—79] 都因其铸币金属而得名，索利多 [32，42，49]（拉丁语意为“未掺杂质的”）和布莱克梯特 [59]（拉丁语意为“薄银片”）则因其特质而得名。格罗申（Groschen）的名称源自拉丁语的 grossus（大而厚），因为公元 13 世纪第一次面世时的格罗申硬币对于当时的人们来说异常大又异常厚 [66—67]。杜卡特（Dukat）[77] 的名称来源于标签用语 Ducatus（拉丁语意为“公国”），塔勒（Taler）则因其在波希米亚的约阿希姆斯塔尔（Joachimstal）[105] 大量铸造并流通开来而取地名词尾缩略得名。赫勒（Heller）[60] 的名称也因其铸造地施瓦比施哈尔（Schwäbisch-Hall）得名。还有许多硬币因为自身的币图在其流通年代获得了别称，如十字塔勒、阔叶塔勒 [111]、玛丽娅 • 特蕾莎塔勒 [109]、亨德林赫勒 [60]、玛丽安格罗申、彼得小矮人，等等。

德国塔勒的种类十分丰富，它们因为币图特色而得到了各自的习惯称呼，这些称呼主要被收藏家们使用。例如在不伦瑞克公爵的各种塔勒中存在眼镜塔勒、铃铛塔勒、蜡烛塔勒、反叛者塔勒、骏马塔勒、真理塔勒、黄蜂塔勒或野人塔勒。普鲁士的塔勒则因其不成功的老鹰币图被嘲讽地称为“鹦鹉塔勒”。

4. 硬币造假

在古希腊罗马时期和中世纪的硬币上，人们经常能发现硬币存在弯曲、划痕、刻痕或凹槽等污损 [9]。这些痕迹大多是验收硬币的人们心有怀疑而留下的检验标记，他们希望在接收硬币前先检验钱币的硬度。因为自从人类开始进行硬币铸造，硬币造假就一同出现了。几乎所有的硬币造假都是试图在硬币流通中将价值更低，也就是贵金属含量更低的硬币当作正常硬币使用。在古希腊罗马时期和中世纪，最常见的造假方法是铸造所谓的含铜硬币或镀膜硬币。在这两种情况下，金或银的薄层会覆盖在贱金属材质的内芯之外。通过弯曲、划痕或刻痕的方式可以确认硬币是仅具有一层贵金属镀膜还是完全由实心的贵金属制成。因此，在所有罗马硬币中，带有锯齿状边缘的狄纳里银币，也就是所谓的塞拉蒂币（拉丁语中的 serra 意为“锯齿”）很受日耳曼人欢迎。在维京时代，很大一部分流通至波罗的海地区的德国和英国硬币中都带有刀痕（啄痕）。直到近代时，人们仍旧通过弯曲和牙咬的方式来检验金币的纯度。

伪造硬币通常会被处以死刑，只有少数情况下，造假者才能以身体上的惩罚收场，例如被砍下一只手。在中世纪时，制造假币的人会被扔进沸腾的油锅中。时至今日，人们依然可以在荷兰代芬特尔市政厅的墙壁上观赏到这种油锅。

损害硬币收藏者利益的现代赝币与当时以流通为目的的假币不能一概而论。现代赝币通常并不会克扣硬币的贵金属含量，这是因为许多硬币的收藏价值要远高于其贵金属价值。在诸多此类赝币中，来自奥芬巴赫的伊森堡法院议员卡尔·威廉·贝克尔（公元 1772—1830 年）所制造的赝币在钱币界备受追崇，因而也成为收藏家们的收藏对象。

5. 硬币与奖章

硬币是国家担保的支付手段，这样的功能使硬币与它的姐妹——奖章区分开来。硬币自始至终都是钱币，而奖章从来不是钱币。硬币只能由国家发行，而奖章可以由任何人发行。但除此之外，纵使现代奖章在艺术性的要求下已经数次舍弃了传统的圆形，并且在设计原则上越来越趋于自由，今天的硬币和奖章在许多方面（如大小、形状、材质、制造技术等）仍然十分相似。奖章诞生于意大利文艺复兴时期，是当时的一种艺术形式，自公元 16 世纪起也出现在阿尔卑斯山以北地区。在公元 17 和 18 世纪时，奖章与硬币的相似程度攀至巅峰。当时，银质奖章通常以塔勒或多倍塔勒的形式出现，而金质奖章则通常以多倍杜卡特的形式出现。有时候，硬币的模具和奖章的模具会由同一个人进行切割制作，但在多数情况下，奖章的制模者往往是艺术家，而硬币的制模者则往往是工匠。奖章制模者会根据自己的设计图进行制模，而模具切割者则只按照他人给定的参数进行工作。公元 19 世纪，普鲁士的柏林造币厂成立了硬币奖章印模部，负责硬币和奖章的模具印制。时至今日，奖章制模者也常常为纪念币提供设计。

6. 钱币学

硬币是人类历史上规模最大、内容最丰富的物质遗产之一。我们可以通过硬币获悉一些关于时间、地点、人物的历史线索，这是我们从其他来源所知甚少的。这就使得硬币以独特的方式成为一个引人探寻的历史线索源。毫不夸张地说，硬币就是一部金属的编年史，而如何去解码和解读这部编年史就是钱币学（来自希腊语 nomisma，拉丁语 nummus 意为“硬币”）这门独立学科的任务。

钱币学的研究对象是一切硬币自身的、时间上的和地理上的表现形式与相关方面。钱币学首先是硬币学，其次是硬币史，再次是货币史。硬币始终是货币，反之，货币却并不只有硬币这一种表现形式。尽管硬币自公元前 5 世纪以来都是欧洲最普遍流通的货币，但硬币仅仅是货币的多种形式之一。

钱币学的任务就是对硬币、硬币的出土及其他相关证据进行科学研究并解读其背后的历史渊源。

对近代钱币学研究而言，最重要的研究方向是硬币和货币的历史，与此同时，对古希腊罗马时期和中世纪时期的钱币学研究而言，硬币的重要性并不仅仅在于它行使的货币功能，而是更多在于它是体现当时时代风貌的图片与文字证据。在文字与图片来源贫乏的时代，硬币填补了历史长河中的空白，人们很多时候只有通过硬币才能正确地解读历史。

钱币学可以说是最古老的历史科学研究之一。至少早在公元16世纪和17世纪就已经出现了单独的钱币学文献。最初，这些文献几乎全都专注于研究古希腊罗马时期的硬币，尤其是罗马帝国的造币。在公元18世纪，钱币学以“硬币娱乐”的形式进行。众多的塔勒、杜卡特、古尔登和格罗申展示窗口便是证据。同样地，阿尔特多夫教授约翰·戴维·科勒（公元1684—1755年）在公元1729至1750年间每周发行的《历史钱币娱乐》也证明了这一点，这本书的内容十分广博，以今天的眼光看，书中对硬币历史的解读也仍然富有价值。维也纳耶稣会教士约翰·约瑟夫·希拉里乌斯·冯·埃克赫尔（公元1737—1798年）于公元1792至1798年间发行了《早期钱币学说》，开创了科学钱币学的时代。公元1801年，第一本钱币学书目索引得以出版。公元1838年，《钱币学年鉴》的第一期得以出版，该期刊至今仍持续发行，且仍旧是最著名的钱币学期刊之一。

钱币学只有在维也纳和斯德哥尔摩的大学中才拥有自己的学系。在德国，钱币学由其他学科的讲师兼任授课，或由名誉教授进行授课，或由少数情况下存在的助理教授进行授课。钱币学最重要的根据地一直是大型博物馆的钱币陈列室，这些大型博物馆的馆藏也是最大的硬币素材库。在德国，柏林博物馆的馆藏高居榜首，拥有近500万枚钱币素材，其中包括36.3万枚硬币，位居其后的依次是慕尼黑和德累斯顿。世界范围内则有六大博物馆享誉盛名：柏林博物馆、伦敦博物馆、纽约博物馆、巴黎博物馆、圣彼得堡博物馆和维也纳博物馆。在国际上，钱币学由国际钱币理事会（International Numismatic Council）进行组织管理，该理事会的事务则由一个九位成员构成的委员会（http://www.inc-cin.org）负责。大型国际钱币代表大会每六年举行一次，第一次于公元 1891 年在布鲁塞尔举行，最近一次于公元 2015 年在陶尔米纳（意大利）举行。目前，德国在博物馆及其他公共资助机构中有 20 余名全职或兼职的钱币学家。

7. 硬币出土

硬币的出土总是成为新闻的热点。通过分析和对比研究，钱币学从单个和多个硬币中获得有关硬币年代、起源、分布和归类的重要线索，尤其是涉及古希腊罗马时期和中世纪时期。硬币的出土对于某个时代或某个地区的货币历史也至关重要。因此，将出土的硬币完完整整地提供给科学研究是十分重要的。为此，德国的大多数联邦州已经宣布，根据文物古迹保护法的文物条目，所有不再能确定其合法拥有者的出土硬币均属于国家财产且发现者必须上交国家，只有在巴伐利亚州，硬币发现者才享有合法的拥有权。

硬币的出土不仅涉及大型的文物发掘活动，还常常由个人悄无声息地进行，在个人发掘的情况下，硬币的状态往往欠佳。就考古发掘过程来看，硬币的出土为更精确地确定遗址（城市、聚落、城堡、城墙、坟墓、教堂等）的年代或定位历史事件（例如公元9年发生在奥斯纳布吕克附近加尔克里塞的著名战役瓦鲁斯之战）提供了非常重要甚至决定性的材料。得益于更先进的考古方法和新的科学技术（金属探测器），在过去几十年中，考古发掘所发现的硬币数量成倍增长。然而，金属探测器这样的新型技术也带来了新的潜在危险。当遗址不再按计划进行勘探和记录，而是掠夺性地进行探测时，不受控制又不当的私人发掘将会造成严重的破坏。

发现硬币后进行报告和登记是每个人应尽的公民义务和科学义务。至于此后是否将所有硬币保存在博物馆则是另一个问题。得益于硬币的出土，某些时期和地区已经有了很详细的记录，以至于新的材料只是进一步证实了已知的事实却几乎无法提供任何新的线索，只是为博物馆的馆藏增加了一些副本而已。

在德国发现的古希腊罗马时期硬币可以追溯到公元700年以前，自1960年以来一直由一家大型研究公司不断出版（如《在德国发现的罗马时期硬币》[FMRD]或者从1986年开始发行的《古希腊罗马时期硬币》[FdA]，网址 http://www.adwmainz.de/index.php?ID=394）。自公元8世纪开始于德国出土的硬币都被记录在德国各州钱币委员会设置的目录中，该目录的数字化目前正在进行中（http://www.numismati-kom mission.de/fundkatalog）。

8. 硬币收藏与硬币交易

在任何时候，硬币都不仅仅是一种支付手段，它还是一种供人收藏的藏品。自文艺复兴以来，收藏家和收藏这两个名词便为人熟知。钱币学这一门学问是由公元16世纪和17世纪的几代爱好收藏钱币的学者共同创立的。收藏硬币这种行为即使在欧洲宫廷也称得上风雅。今天的大型钱币陈列室之所以存在，是因为人们的收藏欲和从前君王的财政实力。私人收藏家也可以独立于博物馆之外，在专门的地点开设私人藏馆。然而，这些私人藏馆鲜少能够一代又一代地延续下去，它们的命运往往不是将藏品送入博物馆，就是最终彻底解散。柏林博物馆的钱币陈列室在国际上的钱币研究机构中排名前列，这很大程度上是基于它自公元1830年成立以来对十几个重要私人藏馆的收购。

如今，硬币收藏仍然是一种十分流行的业余爱好。在德语地区，每个月都会有许多有关硬币收藏的商业杂志发行，这体现了硬币收藏者的数量之多和硬币收藏的市场之大。大多数的硬币收藏者只关注近现代时期的硬币，他们与钱币学的关系就像集邮者与邮政史的关系一样。只有少数硬币收藏者涉足了公元20世纪之前的时代并认真地研究钱币学。在德国钱币学会的统领下存在着许多由爱好者们自行组织的钱币学会和钱币社团，其中历史最悠久的是成立于1843年的柏林钱币学会。由此可以看出，钱币学并非仅仅掌握在博物馆和科研机构等少数职业钱币学家的手中。

硬币交易既是硬币收藏的前因，也是硬币收藏的后果。它的重要性可以从以下现实情况清楚地看出：例如，目前德国最大的钱币拍卖行所雇用的员工人数超过了德国所有钱币陈列室员工人数的总和。在硬币交易市场上，每年都会有数十万枚硬币达成交易。即使现代硬币的交易数量一直是最多的，但古希腊罗马时期、中世纪和近代早期硬币的交易比例也相当可观，由此可以看出，硬币交易始终在钱币学的物质基础方面发挥着重要作用。专业私人收藏的拍卖目录通常不仅仅是一本说明手册或一本参考书，总体而言，高端的拍卖目录往往还是钱币学文献的重要组成部分。

钱币学家的概念十分宽泛，钱币收藏者和钱币交易商都能被纳入其中。无论孰对孰错，由研究、收藏和交易三方构成的钱币学三角，都是钱币学有别于其他科学领域的一个独特标志。

[第二章]

古希腊罗马时期的硬币

1. 开端和希腊人的艺术细胞

希腊人不仅“发明”了硬币，他们还通过后世鲜少能够企及的精湛工艺为硬币留下了遗产——他们用一种特殊的方式将硬币这个俗气的日常用品变得高雅，并帮助它走过了自身的历史低谷。绘有诸神图像的硬币对于希腊人而言不仅仅是世俗的臭钱，还是神灵的恩赐——“圣钱”。当人们将美丽的 4 德拉克马银币 [6] 或者 10 德拉克马银币 [10] 放在手中时，就会有这样的感觉。

与希腊艺术史一样，希腊造币史也可以分为古代时期（从造币初期到波斯战争，从公元前 7 世纪到公元前 480 年左右）、古典时期（从波斯战争到亚历山大大帝时期，大约公元前 480 年至公元前 323 年）和希腊化时期（从亚历山大大帝时期直到罗马帝国时期，大约公元前 323 年至公元前 30 年）。在此期间，大约有 1500 个希腊城邦（包括小亚细亚、意大利、西西里岛和北非）铸造了钱币。即使在希腊化时期，钱币铸造遵循着某种范式和类型，大部分城邦仍旧在钱币的币图上展现出了自己的独特风格。尤其是在公元前5世纪和公元前4世纪的古典时期，这一时期铸造的硬币形态优雅、工艺精湛，是这两个半世纪的铸币历史长河中无可争议的艺术巅峰，公允地说，它完全能够被视为第一等的艺术品。这种艺术上的兴盛并非仅局限于个别希腊核心城邦，而是在一定程度上遍及各地，即使在诸如西西里岛的某些偏远地区也出现了十分杰出的铸币艺术。这些铸币最引人注目的是它们不寻常的厚度和异常高起的浮雕凸纹。据推测，这种硬币的铸造手法应该是先将小金属锭进行预热，然后在它处于熔化状态时进行压印，并至少对大面额的硬币（10德拉克马）进行了单独的精加工。这个时期的硬币印模没能保存下来，我们只有在铸币艺术家（制模工匠）于自己铸造的硬币上留下签名后才能意外得知他们的身份，例如在叙拉古。

古代时期和古典时期（公元前7世纪至公元4世纪）

硬币铸造起源于公元前7世纪的小亚细亚西部地区——具体的时间点仍旧存在争议，据推测，最早的硬币可能是在吕底亚王国的首都萨第斯[1]制造的。这些硬币的材质是琥珀金，琥珀金是一种天然的金银合金。它们的外部是圆形或矩形的扁平金属小块，一侧具有正方形或长方形的粗糙币沿（矩形铸印），其中有些币沿未经设计，有些币沿则带有花纹装饰或动物图像。这些最早期的硬币为我们揭示了一个成熟的七级价值体系，从1斯塔特标准币（stater，读音时重音在第二个音节上）到1/96斯塔特标准币——一种直径不到3毫米、重量不到0.15克的微小硬币。最初的时候，硬币的另一面是不存在任何设计的，但后来人们也开始对硬币的另一面进行设计。最早的硬币上是不存在铭文的，因此人们很难去识别它们。从硬币出土的情况来看，这种硬币在整个小亚细亚都十分普遍。

公元前 6 世纪中叶，据说是在因财富闻名于世的吕底亚国王克罗伊斯的统治下，琥珀金铸币被黄金铸币和白银铸币所取代。此时，金 / 银含量存在波动的琥珀金被定义更清晰的贵金属合金所取代，而不实用的小型琥珀金硬币则被相应的大型银币所取代。克罗伊斯发行的金币——克罗伊斯币（克罗伊斯斯塔特）[2] 便成为一种常用且广泛流通的贸易硬币。波斯人在公元前 546 年征服了吕底亚王国之后沿用了这种硬币，直到公元前 6 世纪末前后的大流士一世时期（公元前 521—公元前 485 年）才采用自己的独特币图。波斯的大流克 [3] 上刻印着半跪挽弓的伟大国王，这种硬币直到亚历山大大帝时代仍没有发生大的改变，是希腊世界的经典金币之一。小亚细亚的大部分希腊城邦都遵循克罗伊斯的先例将白银作为一种铸币金属，在大多数情况下，黄金并未被应用于铸币中。一些城邦如基齐库斯、波加亚或米蒂利尼仍在使用琥珀金币，自公元前 600 年至大约公元前 330 年，基齐库斯铸造的琥珀金斯塔特币 [4] 是当时广泛流通的一种硬币。根据希腊作家色诺芬的说法，1 琥珀金斯塔特相当于一位重装步兵（配备重型武器的步兵）的月饷金。

白银铸币这项新发明很快便从小亚细亚传回了希腊。公元前 6 世纪第一季度开始发行的“龟币”——一种铸于雅典埃伊纳岛埃伊纳城邦、币图为龟的斯塔特银币（切洛奈）[5]，便成为古代时期第一枚全面通行的贸易硬币。雅典自大约公元前 560 年开始铸造拥有各种币图的斯塔特币（也就是所谓的“纹章硬币”），直到大约公元前 520 年，雅典所铸造的著名的“猫头鹰”银币 [6] 不仅成为各城邦的通用货币，其硬币正面的城邦女神帕拉斯·雅典娜的头像也成为一种硬币设计的新范式。雅典于公元前 478/ 公元前 477 年成立的阿提卡海上同盟中，隶属于该联盟的城邦国一时间多达 400 余个，“猫头鹰”银币便是这些联盟成员国所使用的一种通用货币。纵观雅典铸币的意义与其铸币规模可以得出这样的结论：“再铸造”就如同这句著名的谚语一样，也就是“把猫头鹰运往雅典——完全多此一举”。以德拉克马为标准的雅典硬币制度具有八种硬币面额（面值），已然十分具有辨识性。其主要硬币是对应于斯塔特的 4 德拉克马（大约 17 克），总的来说，它也是希腊铸币时最重要的面值。更高面值的硬币（10 德拉克马）鲜少发行，甚至仅在特殊情况下才会发行。和雅典铸币一样，所有的 10 德拉克马都属于最稀有又最著名的希腊银币。得益于附近劳里昂山脉的白银矿山，雅典才能够进行大规模的造币。

和雅典的“猫头鹰”银币地位相似的还有自公元前 560 年开始发行的科林斯“飞马”币 [7]。科林斯硬币上的飞马图像（英雄柏勒洛丰在有翼天马的帮助下打败了奇美拉）建立了神话类硬币的新趋势，直到罗马时代结束，这种硬币类型在许多方面都发生了变化。为了表明硬币铸于科林斯，在飞马图像的下方刻有“Koppa”这几个字母，即使它在希腊字母中已经不再使用。这种科林斯式硬币在两个世纪内都不曾发生改变。同样被证明经久不衰的还有雅典的猫头鹰银币——因为大型的贸易中心城邦一旦引入某种硬币之后，往往会尽可能地避免更改其所使用的硬币类型，从而以这种方式加强了货币的稳定性。其他的希腊城邦国以雅典或科林斯的造币为范式进行铸币（雅典：斯塔特 /4 德拉克马，重量为 17.4 克；科林斯：斯塔特 /3 德拉克马，重量为 8.6 克，对应雅典的 2 德拉克马）。

大约公元前 6 世纪中叶，铸币技术流传到了意大利南部（大希腊地区）和西西里岛。早期的意大利铸币有着自身的独特之处——它们不仅是正圆形的（希腊铸币通常是只近似圆形的不规则毛坯），而且在硬币的背面有正面图像的镜面凹雕（凹版铸印）[8]。然而在西西里岛这个希腊铸币艺术的中心地带，却鲜少出现凹版铸印。公元前 5 世纪时，不少于 27 个城邦在这里竞相争夺铸币艺术的王冠，这令歌德（他自己是一个狂热的收藏家）极为着迷。这顶艺术王冠毫无疑问属于叙拉古和它大部分刻有艺术家——尤艾讷托斯、尤科雷达斯、攸美尼斯、艾西梅德斯、基蒙、菲里吉洛斯等人签名的 4 德拉克马，其中特别出色的 10 德拉克马币（德马雷蒂翁币）被认为是古代最美丽的硬币 [10]。据推测，这枚德马雷蒂翁币与狄奥多罗斯记载的故事毫无关系。在故事中，布匿人向僭主盖隆的妻子德马雷特赠送了 100 塔兰特的金质礼物，以感谢她在希梅拉战役（公元前 480 年）后的和平调解，这份礼物可以被转换为 10 个德拉克马硬币（50 里特）。里特（12 盎司）是西西里岛的重量单位和硬币单位，在青铜币铸造中最为常见。

北非迦太基腓尼基人（布匿人）殖民地的硬币 [11] 沿袭了西西里和希腊城邦造币的风格，公元前 5 世纪初期，这些硬币在西西里岛占主导地位。当涉及造币厂时，布匿人通常只在硬币上刻印“在营中”这几个字，因此无法判断硬币的确切铸造地点，或许是在迦太基，或许（更可能）是在西西里岛。

除了意大利之外，希腊北部、塞浦路斯和昔兰尼加也早在公元前6世纪就开始了铸币活动。公元前5世纪，伯罗奔尼撒、克里特岛和地中海东部沿海地区也紧随其后。铸币活动最西可至地中海的马西利亚（马赛），最东可至黑海北海岸的蓬吉卡裴（今天的刻赤）。除了城邦国（波利斯）以外，出于政治、军事或商业目的而建立的城邦同盟(除了上述已经提到的阿提卡–提洛海上同盟，还有维奥提亚同盟、迦勒底同盟[12]和阿卡狄亚同盟）以及在波斯帝国统治或影响下的小亚细亚各省也是造币者。

大约公元前500年，当各城邦和部落归属于大流士一世所统治的波斯帝国或是帝国附属时，希腊北部的铸币工艺攀至顶峰，故而很可能这些硬币中有极大一部分是为了向伟大的国王致敬才铸造的。在波斯帝国的亚洲各省和埃及地区（没有自己的造币）也发现了大量的希腊式硬币。这些硬币常常带有验纯印痕[9]或被“切成小块”，这表明它们并非作为硬币，而是作为以重量为基准的小银条来使用的，特别是在这种情况下铸银条也更为常见。

希腊化时期（公元前4至公元前1世纪）

亚历山大大帝（公元前336—公元前323年在位）不仅在政治和军事上，还在钱币上深刻地改变了这个世界。由亚历山大大帝的父亲马其顿国王腓力二世（公元前359—公元前336年在位）发行的腓力二世硬币（价值20枚阿提卡德拉克马的斯塔特金币）和阿提卡标准制的 4 德拉克马银币都在硬币正面刻有宙斯头像，这是一种很重要的创新举动，也为亚历山大大帝之后进行的改革奠定了基础。青铜币加入到了金币和银币的行列之中，这使得整个帝国拥有了一个统一的三金属硬币制度（1 枚斯塔特 = 5 枚 4 德拉克马 = 20 枚德拉克马 = 士兵 60 天的饷金）。这些图像一致的硬币是在（至少）26 个造币厂中进行铸造的：斯塔特、2 斯塔特和 1/2 斯塔特由黄金铸成（正面：戴着科林斯式头盔的雅典娜女神像，背面：手持船桅站立的胜利女神奈基像 [13]），4 德拉克马和（少见的）10 德拉克马由白银铸成（正面：大力神赫拉克勒斯狮皮头盔头像，背面：一手持鹰的天神宙斯坐像 [14]）以及无面额的青铜币（正面：大力神赫拉克勒斯狮皮头盔头像，背面：木棒和带弓的弓袋）。在亚历山大大帝逝世后，相同类型的图像也一直在铸币中被广泛采用，甚至直到公元前 1 世纪都还有某些城邦使用这类图像。亚历山大大帝推行的货币统一毫无疑问给人们带来了便利，同时也使货币交易变得更加安全和条理分明。然而，这也无可避免地导致了希腊硬币艺术魅力的流失。

亚历山大大帝的帝国在继承权混战后分裂，从中崛起的王国中，叙利亚和美索不达米亚的塞琉古王朝以及埃及的托勒密王朝开展了最广泛又最持久的铸币活动。

塞琉古王朝的铸币活动延伸至塞琉古一世时期（公元前 312—公元前 280 年在位）的印度河流域。塞琉古王朝的造币厂分布甚广，所铸硬币的风格也极为多样。到了公元前 3 世纪，巴克特里亚王国（印度北部和阿富汗北部）、帕提亚王国（波斯、伊朗）、亚美尼亚王国开始在自己的统治者和王朝主导下进行铸币，这一点既体现在硬币的图像内容上，又体现在硬币本身的东方风格上。同样源自塞琉古帝国的帕加马王国不仅是著名的帕加马祭坛的故乡，而且还是直到罗马时代仍在持续铸造的 4 德拉克马蛇篮币 [15] 的故乡。大约有 16 个小亚细亚城市参与铸造了这枚银币，它以统一的正面币图“蛇篮”（蛇由祭篮内爬出）命名，价值相当于 3 枚阿提卡德拉克马币。

托勒密式硬币没有将阿提卡式硬币作为范本，而是遵循着自己的铸币标准（4 德拉克马重 14.30 克），其币图样式保持了数百年都未曾改变（正面：王朝创始人托勒密一世的头像，背面：老鹰图像）[16]，这一图像样式被反复刻印在拥有罕见尺寸的独特肖像硬币上，得以长久地保存下来（金币最大面值是 16 德拉克马，银币最大面值是 12 德拉克马）。此外，在希腊化时期，卡帕多西亚、蓬托斯、比希尼亚、伊庇鲁斯和叙拉古等小国的君主都曾发行自己的铸币，如布雷蒂埃和城邦同盟（陆上同盟、岛屿同盟、色萨利同盟）等各种部落联盟也发行了各自的硬币。

当罗马人打败了希腊的马其顿王国并在公元前 196 年宣布希腊各城邦自由后，许多城邦恢复了银币的铸造。其中最重要的硬币类型是雅典的“新式”4 德拉克马，其币图是被月桂花环环绕的猫头鹰 [17]。可能就是这种硬币为另外 20 个城邦发行的枝环硬币（“花环硬币”）提供了范例，这类花环硬币的背面币图均为橄榄枝、月桂枝或橡树枝花环。

公元前 1 世纪，希腊化的帝国疆域被罗马人打破并转变成罗马各省（马其顿、亚该亚、亚细亚）。在埃及艳后克莉奥帕特拉（公元前 69—前 30 年）逝世后，埃及的托勒密王国成为最后一个遭受这种命运的王国。新的罗马统治者只偶尔出现在硬币上，大多数青铜币的币图和铭文均由各城市自行决定。在罗马帝国的疆域边缘仍然存在许多小型王国，它们在硬币铸造方面也十分活跃（如毛里塔尼亚、博斯普鲁斯海峡）。

2. 凯尔特人的硬币

凯尔特人与其他高卢、英国、中欧南部、巴尔干地区的“野蛮人”的硬币是横跨希腊时代和罗马时代的一种特殊情况（从铸币上可以将其划分为伊比利亚凯尔特人、西凯尔特人、莱茵凯尔特人、多瑙凯尔特人）。他们在铸币金属（黄金和白银）及硬币图像方面对希腊和早期罗马硬币的依赖十分明显，但在具体的铸币过程和设计上，又与这些早期硬币范式十分不同。凯尔特人的硬币图像将单个纹饰与抽象构图完美融合，令人难忘且易于识别，却又很难用言语描述。到目前为止，这些硬币的空间和时间分布只能得出大致结论，并且只能通过硬币出土这一途径来进行宽泛的研究。

凯尔特人的铸币活动可能开始于公元前 150 年左右，并在大约 100 年后随着恺撒大帝和奥古斯都大帝治下地区的罗马化而终结。其中一个最著名的凯尔特硬币是所谓的彩虹碗硬币 [18]，它是一枚重达 8 克的小碗形金币，几乎无法辨认出它的原型是马其顿王国腓力二世和亚历山大大帝时期的斯塔特金币。彩虹碗硬币的名字来自一则民间传说。传说中，当彩虹触及大地时会留下一个金质彩虹碗，这个碗能够给人带来好运，但是只有幸运儿才能找得到它。

3. 罗马共和国时期（公元前3世纪—公元前30年）

罗马铸币的发展与希腊完全不同。罗马铸币第一阶段的标志是所谓的青铜重币，就铸币金属、硬币形状和硬币重量而言，它与希腊式硬币没有任何共同之处。意大利中部作为预铸货币以称重方式使用的粗制青铜币（阿斯粗铜币），在公元前3世纪时被浇铸成形的圆形青铜币（阿斯重铜币）所取代。这些硬币的币值体系（盎司）遵循的是旧称重系统，依次命名为：阿斯（12盎司）、塞米斯（6盎司）、屈莱恩（4盎司）、夸德伦（3盎司）、塞克斯坦（2盎司）和盎司（1盎司）。这一系列硬币的图像都是一致的。阿斯和塞米斯分别用字母“I”和“S”进行标识，其他面值的硬币则用其对应盎司值的圆点数目进行标识。在第二次布匿战争（公元前218—公元前201年）时，该硬币体系的标准重量减少了数倍，这些最终减轻到以塞米斯为基准（阿斯[19]是1/6磅）的系列硬币可以通过铸造技术打造成几乎“正常”的硬币。

随着统治范围扩大到了意大利南部，罗马与该地区的主流希腊式银币建立了联系。罗马在使用独立币图的情况下入乡随俗地调整了银币的金属材质、重量和样式，为希腊地区创造了除当地的阿斯重铜币以外的一种外来货币。早期罗马的 2 德拉克马 [20] 甚至有可能是经由罗马委托、在希腊的城邦（那不勒斯？梅塔蓬托？）所铸造的。直到公元前 269 年，铸币活动才转移到罗马本土进行。第二次布匿战争期间，人们在银币之外还会使用小额青铜币和零星的金币。

公元前 211/ 公元前 210 年狄纳里银币 [22] 的引入是一个重要的历史转折点。这种新型银币最初重达 4.5 克，后来更改为重 3.8 克，它取代了之前的德拉克马银币，价值为 10 阿斯（1 狄纳里 =10 阿斯）。狄纳里之下还有奎纳里（“1/5”；1/2 狄纳里，5 阿斯）和赛斯特提（塞米斯特提 =“三分之二”=1/4 狄纳里，2½阿斯）。维多利亚币（以币图上带有胜利标志的维多利亚形象命名；3/4 狄纳里）的面值等于 1 希腊德拉克马。狄纳里大约于公元前 141 年升值，这之后它的面值等同于 16 阿斯；奎纳里和赛斯特提分别等于 8 阿斯和 4 阿斯。银币系列之外还有价值分别为 60、40 和 20 阿斯的（小）金币系列 [21] 以及铜币系列。早期狄纳里时代（公元前 140 年之前）的标准币图以罗马女神头像为正面，狄俄斯库里兄弟卡斯托耳和波鲁克斯骑马奔腾像为背面 [22]。自公元前 2 世纪下半叶以来，币图种类变得越来越丰富多样。币图的内容由所谓的制币官决定。制币官指的不是造币厂的工匠，而是三人货币事务委员会（又名：铜银金币打制铸造的三官）。这是一个一年改选一次的委员会，很可能是由于狄纳里币制的引入而设立的。这个委员会由元老院的年轻议员组成，或许这些年轻议员就是从这个部门开始他们的议员生涯的。

制币官会在硬币上留下自己的名字，自公元前2世纪下半叶以来，他们越来越明目张胆地利用硬币进行“家族宣传”。显然，三人货币事务委员会拥有币图的选择权。在后来罗马共和国的内战中，除了三人货币事务委员会以外，罗马内外的各个政党和掌权者也都进行了铸币（所谓的帝国铸币）。除了银币，他们也越来越多地铸造金币（奥雷 = 金币）。在铸币时，他们毫不遮掩地使用各自的币图来贯彻自己的意志。历史上最出名的例子是布鲁图斯所铸造的狄纳里，该硬币的币图直接描绘了他在公元前44年3月15日刺杀恺撒的情景 [23]。

4. 罗马帝国统治时期（公元前30年—公元284年）

公元前30年，屋大维（自公元前27年开始被称为奥古斯都）在共和国后期的罗马内战中取得了胜利。这一事件的特殊历史意义在硬币铸造方面也有所体现。在他40年的统治期间（公元前27年—公元14年），一个延续了约250年，横跨整个罗马帝国的硬币体系诞生了。这个硬币体系在某些方面直到近代都仍发挥着作用，它不仅涵盖了三种最经典的铸币金属（金、银、铜），还设置了合理的币值等级体系。除该硬币体系之外，奥古斯都大帝时期还发展出了极为先进的铸币工艺和高效的硬币管理机制。此前与所谓的帝国造币格格不入的奥流斯 [24] 成为标准金币。银币则沿用了罗马共和

国的狄纳里 [25]。数十年未动的铜币铸造得到了彻底的重新规划，其四种面值分别是赛斯特提 [26]（黄铜）、都蓬第（黄铜）、阿斯 [27]（铜）和夸德伦 [28]（铜），因此，奥古斯都硬币体系有着这样的币值等级体系：1 奥流斯 =25 狄纳里 =100 赛斯特提 =200 都蓬第 =400 阿斯 =1600 夸德伦。铜币铸造令人回忆起（先前）元老院所享有的铸币权，因为在硬币上可以清楚地看到一条字母铭文——“SC”（SC 是 senatus consulto 的缩写，意为“经由元老院决议”）。

随着时间的推移，硬币不断贬值，这一点体现在卡拉卡拉（公元 211—218 年）引入的 2 狄纳里银币，该银币当时的名称无从考证，在钱币学中以卡拉卡拉的正式名马尔库斯·奥列里乌斯·安敦尼努斯将它命名为“安敦尼银币”[29]。安敦尼在戈尔迪安三世（公元 238—244 年在位）的统治下发展为主要的流通银币。奥雷和狄纳里偶尔也会以 1/2 价值的奎纳里金币或银币的形式加入流通货币行列。

这些硬币种类构成了帝国铸币，自卡利古拉（公元 37—41 年）时期以来，帝国铸币均由罗马自主生产，公元 3 世纪中叶之后，罗马以外的造币厂也参与生产帝国铸币。

帝国铸币的正面往往为历代帝王、皇后和皇室成员的画像。这些自然主义的、有时艺术风格令人眼前一亮的个人肖像留存了帝王及其亲属珍贵的记录，是后人研究历史的重要线索。硬币背面的币图同样令人印象深刻，其种类也十分多样，为后人提供了有关帝王及其政治的自我描述、拟人神像、寓言故事、宗教祭祀、建筑物、重大历史事件等的大量历史素材。从整体上来看，这些硬币在一定程度上构成了一部自奥古斯都大帝以来罗马帝国历史的图像编年史。

罗马帝国铸币的优点之一是它们可以很精确地标明日期，通常是年份，有时甚至精确到月份，因为它们在铭文中指出了由皇帝任命的当前官员及其头衔（任职年代、保民官、贺词、帝王、尊称头衔等）。

除了帝国铸币之外，罗马还存在各省和地方铸币 [35—36]，这些硬币基本上仅局限于铜币 / 青铜币，代表了希腊和小亚细亚城邦铸币的延续（所谓的希腊帝国）。埃及的省级铸币是其中范围最广、寿命最长的，那里除铜币之外还铸造银币（4 德拉克马，亚历山大币）。

早在帝国时代初期，地方铸币（其独具地方特色的币图是探寻各城市历史的重要线索）在西部各省就已迎来终结，在东部省份，地方铸币则一直延续到公元 3 世纪下半叶。到了伽利埃努斯（公元 260—268 年）统治时期，造币和货币体系彻底崩溃。在短短几年之内，具有固定黄金兑换率的银币（安敦尼）贬值到了铜币及青铜币（阿斯钱币）的行列，这一现象导致了铜币全面停止铸造。

5. 古希腊罗马晚期的硬币（公元 284—500 年）

公元 294 年，在戴克里先（公元 284—305 年在位）的统治下进行了一场硬币改革，金币和银币又恢复到了尼禄（公元 54—68 年在位）统治时期的正常情况：奥雷金币（1/60 磅，5.45 克）和一种名为阿根图的新式银币，这种银币以旧时的狄纳里为基准（1/96 磅，3.41 克）。到了君士坦丁一世（公元 305—337 年在位）统治时期，阿根图银币又被开除出流通货币行列，而奥雷金币的重量则在公元 309 年时减少到了 1/72 磅。新出现的硬币在这之后进行了既频繁又大规模的铸造，后来成为晚期罗马和拜占庭的标准金币，这种硬币的名称是索利多。索利多金币 [32] 由纯金制成，有 1/72 磅，重 24 克拉（4.54 克）。后来以 24 克拉来形容纯金的说法就是从君士坦丁时期的索利多金币发源的。当罗马帝国在公元 395 年分裂后，这种纯度就在硬币上以两个大写字母 OB 进行标注，OB 是 obryzum 的缩写，表示精制（纯）金。与此同时，OB 还表示希腊数字的 72。OB 这个质量标志还与硬币下方所刻印的造币厂信息有关：CONOB 代表该硬币是东方帝国或拜占庭的硬币（CON= 君士坦丁堡，OB=obryzum），COMOB 则代表该硬币是西方帝国的硬币（COM=comitatus，意思是一座位置随统治者迁移的造币厂。该造币厂的位置于公元 5 世纪固定下来，主要在罗马，也会在拉文纳或者米兰）。索利多金币的面值之下还有塞米斯（1/2 索利多）[33] 和屈莱恩（1/3 索利多）[34]。数以百万计的晚期罗马金币以支付给盟友的酬金、贡品或战利品的形式最终散落到罗马帝国境外。索利多与屈莱恩这两种硬币在后来的民族大迁移和中世纪早期多次成为日耳曼各国铸造金币时模仿的原型。

以金币为标准的戴克里先 / 君士坦丁币制或许是为了应对西方帝国日益严重的通货膨胀而诞生的。公元 325 年左右，白银货币也被加入到了这个体系中。新的银币和索利多金币一样有 1/72 罗马磅，即具有 4.54 克的标准重量（但通常更轻），它的名字是米利亚伦斯银币 [30]。除了米利亚伦斯银币之外，在君士坦丁二世（公元 337—361 年）统治时期还存在另一种币值的银币，它有 1/144 磅，是米利亚伦斯银币的一半。这种银币的名字是西利克，之所以这样命名，是因为它等于 1/24 索利多（1/1728 金磅），相当于 0.189 克黄金（1 克拉，拉丁文即为 siliqua）。西利克银币的铸造在东哥特王国和汪达尔王国的铸币活动中发挥了十分重要的作用。

古希腊罗马晚期的铜币很难分辨清楚。在戴克里先时期于公元 296 年引入的富利铜币 [31] 最初重 10 克以上，但在君士坦丁时期已贬值到 1 克。自公元 345 年开始，很显然有其他类型的硬币被引入到了原有的体系中，这些硬币的来源似乎是百分币和尤里安铜币，然而这些硬币的价值和兑换比例尚且无从得知。因此，人们习惯将古希腊罗马晚期的铜币和青铜币按照直径、重量简单地描述为大铜币、中铜币和小铜币，即从 AE1 排序至 AE4。至于古希腊罗马晚期的青铜硬币究竟是价值货币还是信用货币（分区硬币），则仍存在较大争议。据推测，黄金的汇率是固定的，因此人们也可以用大量的铜币 / 青铜币购买金币。最常用的铜币名称是富利（袋），这暗示着当时的人们是将大量的富利铜币装在袋中称重使用的。这些硬币袋很可能直接在造币厂就进行了封装。铜币的这种地位低下的情况在公元 498 年阿纳斯塔修斯一世进行硬币改革后得到了改变。

在戴克里先统治时期存在 15 个帝国造币厂，每个造币厂在硬币上都有自己的标记，同时每个单独的造币间或硬币发行方也都会通过额外的缩写符号进行标识。

自君士坦丁时期以来，写实的个人肖像硬币时代已经结束。硬币上帝王的形象变得越来越千篇一律，不再注重帝王个人的特点，而是旨在渲染帝王无上的威严，并使硬币变得更规范化。重达几倍奥雷金币的金质奖牌（奖章）[37] 是其中一个例外。奖章早在帝国时代早期就已经出现了，但那时的奖章大多是青铜制成的，少量由白银制成。直到公元 3 世纪才出现了零星的金质奖牌，在公元 4 世纪时金质奖牌才变得常见。它们主要作为赏赐给蛮国贵族的奖章而存在。这些金质“勋章”中最大的一块重达 413 克，相当于 91 枚索利多金币或者 1¼ 磅黄金。

6. 帕提亚王朝与萨珊王朝的硬币

跨过罗马帝国的边界，帕提亚王朝（公元前 247 年—公元 224 年）及其后继者萨珊王朝（公元 224—651 年）在波斯（伊朗）形成了自己独特的硬币风格 [38—39]，其硬币的币图也十分统一。典型的萨珊王朝币图正面是国王戴着巨大的皇冠，背面则是祭火坛。从帝国的诞生到帝国的结束整整 400 多年来，这种类型的币图几乎完全没有发生变化。硬币上的各位统治者的身份只能通过其头戴的独特冠冕来进行区分。帕提亚王朝只发行了银币和铜币，萨珊王朝则主要发行了大量的银币（德拉克马）、少量的地方铜币和零星的金币。

[第三章]

中世纪的硬币

如果我们将欧洲的中世纪估计为大约 1000 年（公元 500—1500 年）的时间跨度，则中世纪的前 1/4（公元 500—750 年前后）在钱币学上可以描述为古希腊罗马晚期硬币的大幅度减少和某种程度上的延续，至少在古希腊罗马传统辐射到的地区，即前罗马帝国的疆域内或其边境地区是如此情况。接下来的两个 1/4（大约公元 750—1250/1300 年）是查理曼大帝时期出现的新币制的时代，这种新的货币制度是一种基于单一硬币狄纳里（芬尼）的白银货币系统。在最后一个 1/4 阶段（公元 1250/1300—1500 年），具有更高价值的银币（格罗申）进入币制体系并取代了芬尼，并且自公元 13 世纪中叶金币的铸造恢复后，还诞生了用于长途贸易的高价值硬币（杜卡特、弗罗林等）。公元 1500 年后大型银币（塔勒）的出现则标志着钱币学意义上近代的开始。

1. 从古希腊罗马晚期到中世纪初的欧洲（公元500—750年）

从钱币学意义上看，古希腊罗马晚期到中世纪早期的过渡始于一种所谓伪帝国造币 [46]，它是在罗马帝国边界内外进行民族大迁移的日耳曼民族建国后发行的。人们认为这些硬币是仿制罗马晚期硬币或拜占庭硬币，主要是索利多和屈莱恩铸造而成的，尽管经常走样，它们也如实地再现了硬币上帝王的形象和名字。在各种各样的硬币中，银币的仿铸频率较低，而铜币似乎完全没有被当作模板。伪帝国硬币诞生于公元4世纪，一直到公元7世纪中叶还有出现。我们可以在汪达尔人、东哥特人、西哥特人、勃艮第人、墨洛温人和伦巴第人的造币中找到它们。最早的“王国”硬币，即刻印有自己统治者名字的硬币出现于公元5世纪下半叶的苏维汇王国和汪达尔王国 [40—41]，以及奥多亚克建立的意大利帝国和东哥特王国 [42—44]。硬币的逐渐“王国化”指的是硬币逐渐出现独立自主的币图和刻印发行人名字的铭文，其顺序是从下往上，从较小币值的硬币到较大币值的硬币。

只有西班牙的西哥特王国和高卢的墨洛温王国存在的时间久到足以发展出自己的钱币体系。西哥特王国的硬币自公元5世纪起就独具自己的风格特色。自公元6世纪以屈莱恩 [47] 金币为唯一币值以来，它们就从利奥维吉尔德统治时期（公元568—586年）开始在硬币上铭刻国王和造币厂的名字。直到公元719年王国灭亡为止，人们可以在硬币上找到所有的国王和大约80个不同的造币厂。大部分硬币都来自其中的十几个大型造币厂，例如科尔多瓦、梅里达、纳博讷、萨拉戈萨、塞维利亚、西多尼亚麦地那、塔拉戈纳和托莱多。

墨洛温国王提乌德贝尔特一世（公元534—548年在位）打破了皇帝对金币的垄断，他是第一位以自己的名字命名金币 [48] 的日耳曼诸侯，这一举动可谓石破天惊，某种程度上可以算是中世纪的开端。拜占庭历史学家普罗科普将称此为“前所未闻又令人不快的事件”。后来的墨洛温国王 [49] 继承了提乌德贝尔特的做法，但这种国王索利多仍然只是例外情况。墨洛温王国货币体系中的代表性硬币是屈莱恩 [50]，它是自公元6世纪末以来在帝国800多个地方带有铸币者之名的硬币。就铸币的金属（黄金）和硬币面值（屈莱恩）而言，这些硬币是古希腊罗马晚期币制的延续，从法律层面上来看，它们则是全新的事物。由于缺乏书面资料，今天的我们对墨洛温王国货币的地位、职责和权限知之甚少。但是可以肯定的是，硬币上出现名字的2000多个铸币者是王国的精英人士，而不是制造硬币的工匠。这类精英人士中最著名的例子当属圣埃利古斯（大约公元

590—660 年），他是两任国王的好友，在升任努瓦永主教之前曾在巴黎、马赛和阿尔勒都担任过铸币者 [49]。铸币者硬币只能以模糊的时间顺序排列，可将其时间跨度限制在大约公元 570 至 670 年之间。随着王国自达戈贝尔特一世（公元 629—639 年）起在政治上的衰落，在货币方面，屈莱恩的含金量大幅下降，最终结束于公元 7 世纪末以纯银铸造的狄纳里 [51]。

2. 狄纳里的时代（公元 750—1250 年）

在法兰克王国加洛林王朝矮子丕平（公元 751—768 年在位）和查理曼大帝（公元 768—814 年在位）的统治下，发展出了一个未来 500 年中在欧洲广泛流行的硬币体系。它的特征是新的唯一标准货币——银币、新的计量单位——查理曼大帝所规定的镑和独特的银币面值——狄纳里（芬尼）[52]：1 磅 = 20 先令（索利多）= 240 狄纳里，其中索利多仅有计量价值，并非铸造出的实体硬币。查理曼大帝在他那拥有大约 80 个造币厂、至今仍然广为人知的狄纳里硬币方面并不重视他的罗马帝国——他在公元 800 年前后的圣诞节由教皇利奥三世加冕成为罗马帝国的新皇帝。只在极少数情况下他才称自己为皇帝 [53]，在大多数情况下他只是法兰克人之王，即法兰克王国的国王 [52]。

在查理曼大帝之子虔诚者路易（公元 814—840 年在位）的统

治下，硬币的产量得以增加，同时也诞生了加洛林时代的经典硬币，据推测，铭文很可能是信仰基督的狄纳里自公元 822/823 年起投入铸造的。由于狄纳里的币值较高，为了方便交易诞生了币值等于 1/2 狄纳里的奥波尔 [55]。奥波尔的币图和狄纳里一般无二，只是比狄纳里更小，重量为狄纳里的一半而已。相比之下，路易发行的索利多 [54] 金币则更像是拜占庭式的荣誉币。这样的仿铸很可能起源于弗里斯兰的港口和贸易小镇杜里斯特，这也证明了在远距离的贸易过程中需要金币。

在查理曼大帝的同名孙子秃头查理（公元 843—877 年在位）的统治下，硬币铸造达到了一个数量上的高峰。他于公元 864 年颁布的钱币法（皮特雷敕令）详细规定了新式狄纳里硬币的铸造（铸有“蒙上帝之恩而为王”币文的狄纳里，即所谓的 GDR 式狄纳里）[56]，此外，这部法典还是中世纪早期和盛期唯一完整流传下来的钱币法。“北方人”（维京人）的远征是这部法典及其引发的大规模造币的背景。在这段时间里，他们几乎每年都会从加洛林王国处掠夺一笔高额的白银，为加洛林王国带来了很大的困扰。公元 9 世纪后半叶时，随着王国的衰落，铸币业也迅速没落。这一时期，造币行业几乎不曾越过莱茵河的边界。直到公元 919 年萨克森的奥托王朝（利乌多尔芬格王朝）掌权东法兰克 – 德意志帝国后，这个边界才在公元 10 世纪时逐渐向东推移至易北河。

神圣罗马帝国的奥托王朝和萨利安王朝（公元 919—1125 年）在公元 10 世纪和 11 世纪成为欧洲的主要硬币生产国 [57—58]。此时，造币权通过王室特权授予贵族——主要是授予教会的上层贵族，如此一来，硬币不仅由国王发行，还由公爵、伯爵、诸侯、大主教、主教和修道院院长发行。这种包括众多制币人和造币厂的“联邦式”结构成为德意志铸币业延续至 19 世纪的特色。公元 11 世纪时，帝国中活跃着 150 多个造币厂，公元 12 世纪和 13 世纪时，活跃的造币厂甚至多达 450 个。

数量众多的造币厂是硬币流通区域化的一种体现，这种硬币流通区域化以大量的地方硬币种类为基础。布莱克梯特硬币（来自拉丁文 bractea，意为银质薄片）[59] 是这种地方硬币的一种经典类型。这些非常薄的硬币与其说没有反面，不如说是硬币的币图从“背面”显现，即呈现出与正面币图左右颠倒的阴刻图像。铸造这种硬币只需要刻印一面。利用这种节省时间和成本的铸造方法，尤其是在 13 世纪对币图要求不高的情况下，布莱克梯特硬币完全符合了当时期硬币支付的要求，即支撑起支付手段每年大规模的更新换代。然而在公元 12 世纪时，布莱克梯特硬币还具有不可思议的艺术品质，其币图种类十分丰富，使之成为一种特殊的时代研究文献。布莱克梯特硬币于公元 1130/1140 年前后起源于迈森、图林根和哈尔茨地区，并向北、向东越过帝国边界扩展至丹麦、波兰和波希米亚，其所覆盖的地区在这之前基本上没有自己的造币。除了它的独特形状之外，布莱克梯特硬币还为中世纪的铸币业带来了新的功能——每年支付手段的更新换代。制币人每年都通过强制更换新铸硬币这种强权的方式从铸币中获利：12 枚旧芬尼只能换取 9 枚新芬尼。以凹陷芬尼和碗状芬尼的形式 [72—74]，只有单面图像的这一类硬币以小额硬币的形式存在到了 17 世纪。

与神圣罗马帝国相仿，自世纪之交以来，法兰克王国除皇家铸币之外还存在着众多由世俗和教会贵族发行的硬币（封建主铸币），然而这些封建主铸币并非像德国一样是由皇室授予特权而产生的，而是由于王权衰弱导致铸币权被迫分散。公元 10 至 12 世纪时期法兰克封建主铸币的一大特色是它们的固定化趋势，也就是说，这些硬币会延续使用旧时的图像和铭文，其中一部分图像和铭文可以追溯到加洛林时代。第一次十字军东征（公元 1096—1099 年）时的情况向世人充分宣告了这种封建主铸币的重要性。东征期间，除了卢卡铸造的硬币之外，普瓦捷、沙特尔、勒芒、瓦朗斯、梅尔盖伊和勒皮等地铸造的狄纳里也属于十字军的官方货币。在奥古斯都腓力二世（公元 1180—1223 年在位）的统治下，法兰克王国的王权才重新得到加强，这时候，一种新式硬币图尔诺易斯狄纳里 [61] 被投入使用，这种芬尼硬币逐渐取代了大量的封建主芬尼硬币。与欧洲其他地区相比，法国硬币很早就出现了白银含量降低的情况。在法国，铸币利润主要是通过降低硬币中贵金属含量的方式获得的，而非像在德国一样通过强制更换新铸硬币的方式获得。

公元 7 世纪末期，英国与法国同时出现了银币（锡特）取代金币（屈莱恩 / 特里米萨）的情况。公元 8 世纪下半叶，英国在南部地区仿照加洛林时代重新设立了狄纳里造币厂。公元 9 世纪时，威塞克斯王朝主导了英国政治和铸币的发展。在公元 973 年推行的硬币改革中，一种统一的硬币类型（便士）诞生了，其币面上刻印有造币厂和负责铸造的制币官的名字。这种硬币每六年更新换代一次，公元 1036 年起则改为每三年更新换代一次。即使在公元 1066 年诺曼底征服英格兰后，这个币制系统也没有发生改变。在亨利一世（公元 1100—1135 年）的统治下，英国的铸币组织和铸币工艺均不复原有的高水准。公元 12 世纪 30 年代末，王室对铸币的控制权最终彻底瓦解。贵族第一次（也是最后一次）篡夺了铸币权。

在亨利二世（公元 1154—1189 年在位）的统治下，英国的局势趋于稳定，他从 1158 年开始又新发行了一种统一的皇家便士（所谓的蒂尔比便士）。公元 1180 年，英镑 [62] 的使用是一次重大的改革。以新便士的含银量（925/1000）为标准纯银，英镑（1 英镑 =240 便士）直到现代都仍旧是欧洲铸币中十分重要的面值单位。从公元 1180 年到公元 1351 年，英镑的品质保持了 170 年不曾改变。只有从硬币的背面币图（1247 年时硬币背面的十字架由短变长）和国王像（1279 年时为适应时代审美而有所调整）才能区分出三种英镑种类：短十字架英镑、长十字架英镑和爱德华一世英镑。

意大利北部的伦巴第王国 [45] 于公元 774 年并入了加洛林王国，于公元 962 年并入了神圣罗马帝国，并直到 12 世纪都一直紧随其铸币的发展。公元 751 年，原属于拜占庭拉文纳总督区的罗马造币厂被割让给了教皇国。第一位出现在硬币上的教皇是哈德良一世（公元 772—795 年在位）。从公元 800 年的查理曼大帝加冕到公元 11 世纪，教皇和皇帝通过罗马硬币上刻印的名字联系在了一起。继伦巴第人、拜占庭人和阿拉伯人之后，诺曼底人也于公元 11 世纪时在意大利南部建立了自己的国家。诺曼底硬币由按阿拉伯标准铸造的金币（塔里）与按拜占庭标准铸造的银币和铜币组成，直到公元 12 世纪末霍亨斯陶芬王朝统治时期才开始使用欧洲标准的狄纳里。

自公元711年以来，伊比利亚半岛一直属于阿拉伯人。在半岛的基督教领地中，公元11世纪时倭马亚王朝的金币（第纳尔）和12世纪时穆拉比特王朝更宽、更重的金币（莫拉比蒂诺）被仿制为曼库西。在纳瓦拉－阿拉贡王国的桑乔三世（公元1000—1035年在位）和卡斯提尔－莱昂王国的阿方索六世（公元1073—1079年在位）的统治下出现了第一批以欧洲标准铸造的银币（狄纳里）。

公元11世纪之前，欧洲一直分为生产硬币的西部地区和进口硬币的东部（斯拉夫人）和北部（维京人）地区。维京人和斯拉夫人只将硬币作为白银使用，而不是作为统一的货币。这种交换形式不属于铸币经济，可以将其描述为金属称量货币经济。在波罗的海地区发现的众多宝藏证明了这种交换形式，因为在宝藏中硬币常常与其他类型的银制品（银条、银片、珠宝）一起出现。在公元9世纪和10世纪时，这些宝藏中大部分是阿拉伯的迪拉姆，而在公元11世纪时则大部分是德国和英国的狄纳里。这些宝藏在小小的瑞典哥得兰岛上分布异常集中，考虑到岛的大小，可以说这座岛是迄今为止世界上硬币宝藏最多的地区。在世纪之交前后，斯堪的纳维亚半岛、波兰、波希米亚和匈牙利在基督教化的过程中诞生了第一批独立铸造的硬币，这些硬币记录了它们与欧洲基督教世界的新隶属关系。只有基辅罗斯仍在继续使用早期的钱币形式（金属锭）。

尽管整个欧洲的狄纳里或芬尼外表都不一样，但它们的重量基准都可以追溯到查理曼大帝时期的磅。加洛林时期的标准重量约为1.7克，在公元12世纪普遍下降了约1/3至1/2。这就导致马克代替镑成为铸币的标准重量，它的重量约为1磅的2/3。和芬尼一样，马克的重量也因地区而异，其范围在186克至280克之间。在德国，科隆马克（自13世纪以来规范为233.812克）成为度量标准，并直到近代1857年都一直作为所有硬币系统的标准重量。除了与吕贝克马克和伦敦马克对应的科隆马克之外，巴黎特洛伊马克（244.753克）是中世纪时期最重要的马克重量。在使用硬币付款时，人们必须分清计量马克（或计量磅）和计数马克（或计数磅）的区别。当人们以计量马克的形式付款时，应商定好硬币的总重量（所需硬币个数无关紧要），当人们以计数马克的形式付款时，应将一定数量的芬尼放置在桌面上，通常为240枚。最初的时候，计量马克与计数马克一般无二。因为芬尼的重量日渐减少，它们才逐渐分化开来。

3. 差异化的硬币制度（公元1250—1500年）

中世纪后期出现了由芬尼、格罗申和金币组成的差异化硬币系统，这三种系统中的每种又通过不同的币值对自身进行了分级。除了对芬尼币制的突破之外，这一时期的另一个特点是币制的发展一直影响到近代。第一，城市方面，各城市通过差异化的措施在铸币政策上产生了重要影响，这些措施包括了设置钱币警察、自己进行铸币实践、创立钱币协会等。第二，银行和无现金支付的发展已经十分接近现代模式。第三，由于贵金属稀缺，国家进行了调控以确保造币厂有足够的贵金属供给（禁止贵金属出口）。

第四，英法长达百年的战争时期（公元1337—1453年），为了给危机时期增加的政府开支提供资金，各城市故意使硬币贬值，支付能力和货币供应的新维度引发了第一次严重的货币危机。

尽管过程因地区而异，社会的“货币化”也绝对是中世纪晚期时发展的普遍特征。在中欧和东欧的大部分地区，芬尼这种货币一直盛行至中世纪末期，同时，也仍然存在众多只在特殊情况下才接触硬币的社会阶层，他们并不以此为生。

银币与格罗申硬币的差异

公元13世纪时，狄纳里失去了它的垄断地位，不再是唯一的银币币值。早在公元12世纪末，英国和德国就各自创造了英镑[62]和赫勒[60]（因其发源于施韦比施哈尔而得名）这两种独特的新便士。其中，英镑的币值较高，赫勒的币值较低。赫勒不久便顺理成章地成为币值最低的德国硬币，“红色的赫勒一文不值”。八枚赫勒才能兑换一枚英镑。尽管如此，赫勒仍然是一种非常成功的硬币，同时它也是德国第一类跨地区的硬币。与英镑一样，这种硬币采取了批量铸造的方式，并且它的币图设计十分固定（正面：手，背面：十字架）。此外，赫勒镑（240枚）还与英镑一样成为一种固定的记账单位。

英镑在欧洲十分流行，在荷兰和德国的莱茵兰与威斯特法伦地区都有仿制的情况发生。英镑通常价值为欧洲的4芬尼，但是意大利的芬尼贬值的幅度更大，那里的英镑最高可价值20芬尼。由于极低的芬尼价值和经济快速增长的众多城市——尤其是威尼斯、日内瓦、比萨等海滨城市，也包括伦巴第和托斯卡纳地区的其他城市——意大利成为最先使用格罗申硬币的国家。这种硬币的价值是芬尼的几倍，拥有不随具体币值而变动的固定厚度和大小，由此而得名格罗申（源自拉丁语 grossus，意为“大而厚”）。除意大利外，意大利格罗申的突破由威尼斯的玛塔潘币 [63] 或杜卡特银币首次实现（约于公元 1194 年）。在威尼斯人的第四次十字军东征中，该硬币不仅在十字军中发挥了重要作用，而且在成功攻占君士坦丁堡并于公元 1204 年建立了拉丁帝国后，成为地中海东部的主要贸易硬币。格罗申广泛流通并在地中海和巴尔干地区被大量仿铸。那不勒斯王国于公元 1302/1304 年发行的吉里亚图银币（利利亚图斯银币，以硬币背面的百合花十字命名）[65] 也拥有类似的主导地位，它同样被法国南部、罗德岛和小亚细亚等地大量仿铸。

公元 1271 年，在阿尔卑斯山地区诞生了蒂罗尔伯爵的克莱采币 [64]，这是一种对奥地利而言前景广阔的格罗申硬币。阿尔卑斯山以北的高币值银币首先在法国和荷兰发行：在荷兰（佛兰德斯、布拉本特、埃诺）是价值 8 狄纳里的 2 英镑硬币，在法国则是路易九世（即圣路易，公元 1226—1270 年在位）统治下才出现的价值 12 图尔诺易斯狄纳里的图尔诺易斯格罗斯 [66]。后者在法国以外地区也取得了巨大的成功并被大量地仿铸。形象地说，图尔诺易斯格罗斯就是一枚大号的图尔诺易斯狄纳里 [61]，它外圈中的 12 朵百合花象征着它的价值为 12 图尔诺易斯狄纳里。在荷兰和莱茵兰的仿铸硬币中随后诞生了许多具有独特意义的格罗申硬币类型，它们的名字一部分来源于自身的币值，如先令（12 芬尼格罗申）或 2 先令（24 芬尼格罗申），另一部分来源于外观和币图，如埃尔巴白硬币、博特德拉格币、克罗姆斯特币、纪念匾币、彼得币、玫瑰杯币等。

图尔诺易斯格罗斯对西方的意义就像公元1300年由瓦茨劳斯二世（公元1278—1305年在位）引入波希米亚的布拉格格罗申[67]对中欧和东欧的意义一样。尽管这些格罗申在铭文中清楚地标注为布拉格格罗申，但它们与布拉格毫无关系。这些硬币大量铸造于一个位于埃尔茨山脉的库滕贝格、像堡垒一样固定的专门造币厂中，使用的铸币材料是当时由意大利聘请的专家在库滕贝格地区发现的山银。直到公元1547年末，这些硬币的币图（正面：瓦茨拉夫王冠，背面：波希米亚狮子）都一直没有发生改变，但是自公元1415年起，它们在胡斯战争中迅速贬值，因此在使用硬币交易时，早期的良币和后期的劣币会通过盖印（戳记）[68]加以区分。

紧随布拉格格罗申之后的是波兰国王自1338年起发行的克拉科夫格罗申和由迈森边疆伯爵自1338/1340年起发行的迈森格罗申，这两种硬币都在德国中部发挥了重要作用。

公元1365年前后，维特（白色芬尼）[69]诞生于北部地区，它与英镑的币值相等，发行于属于文迪施钱币协会的汉萨同盟城市吕贝克、汉堡、吕讷堡和维斯马，是波罗的海贸易中最重要的银币。价值4芬尼格罗申的维特硬币之后很快出现了面值更大的硬币，例如六芬尼币（价值6芬尼，始于公元1392年）、先令（价值12芬尼，始于公元1432年）和2先令（价值24芬尼，始于公元1468年）。条顿骑士团的先令[70]从公元1380年前后开始发行，除了普鲁士骑士团国之外，还主导着波罗的海和北波兰的货币贸易。

一种比价值4芬尼的最小额格罗申价值还低的硬币被称为“黑

钱”，在发达的货币经济地区，掺杂了铜的黑钱实际上已经具有了分区硬币的功能（意大利、法国、荷兰）。通过一种被称为“白煮”的特殊工艺，黑钱的外表得到了改善，这道工序之后，即使是劣质的银币看起来也如同纯银。当然，这种光鲜亮丽的外表保持不了多久。相比之下，英国、德国、斯堪的纳维亚和东欧地区的芬尼硬币仍然保持了相对较高的质量水准，并且在某些地区，例如巴伐利亚，芬尼直到中世纪末都是其唯一的硬币。

泛欧洲地区白银货币的增加与埃尔茨山脉、哈尔茨山脉、撒丁岛、匈牙利和蒂罗尔州新开发的银矿存在直接关联。尽管以此可以得到大量新的铸币金属，但钱币的需求量迅速超过了原材料的储量。没有属于自己的银矿山的铸币方选择通过减少硬币中贵金属含量的方式来应对这种原料短缺。在交易过程中，人们通过协商按银的重量（银锭）进行付款或通过精确指定支付的硬币类型来确保自身的利益不受损害。与此同时，政治危机加剧了这种情况。一个典型的例子是法国，法国的银币由国王美男子腓力四世（公元1285—1314年）进行操控，这使他从同时代人的手中夺得了皇家硬币伪造者的称号。英法百年战争期间，格罗申硬币在1337至1364年，尤其是在1415至1429年间急剧贬值。这种政治情况最明显表现在一种叫作佛罗雷蒂的芬尼上，它的含银量在公元1417年至1422年间从64%降至不足3%。

金币

当意大利的20至26芬尼被第一枚格罗申硬币取代时，公元

1252 年引入热那亚和佛罗伦萨的金币也因其小巧轻便的特点取代了整磅的芬尼（240 枚）。约一代人的时间后，公元 1284 年，威尼斯也效仿了这种做法。受拜占庭和阿拉伯人的影响，公元 1231/1232 年诞生了著名的西西里奥古斯塔尔 [75]，该硬币发行于腓特烈二世（公元 1220—1250 年在位）统治时期，是自虔诚者路易以来的第一枚欧洲金币。源自佛罗伦萨的弗罗林 [76]（因正面币图为百合花，取其拉丁语 flos 而得名）和源自威尼斯的杜卡特 [77]（因背面铭文中的最后一个单词 ducatus 而得名），也称为泽西诺币（zeccha 是意大利语对硬币建筑的描述），是由重 3.5 克的纯金（24 克拉）制成的硬币。这两种硬币对于新货币结构的形成以及贸易和工业的繁荣都十分重要。它们早在公元 13 世纪就敞开了通往近代的大门，因为标志着近代开端的塔勒铸造活动在公元 15 世纪末 /16 世纪初时，将金币的支付能力和货币价值都转移到了银币身上。总体来说，弗罗林和杜卡特是两种寿命最长的硬币。佛罗伦萨古尔登 [76] 的币图（正面为百合花，背面为施洗约翰）在中世纪时仅在风格上进行了几次现代化的调整，威尼斯杜卡特 [77] 的币图（正面为圣马可和跪立的总督，背面为头顶椭圆形灵光的耶稣基督）则从公元 1284 年开始铸造到公元 1797 年退出市场几乎完全没有变化。

除了民众对高支付力硬币的需求外，意大利城市金币铸造的开端还可能是一个非常简单的业务。在北非的马格里布，人们可以用欧洲的银币以很低的价格购买非洲的黄金。欧洲的黄金对白银的汇率与马格里布相比要好得多（欧洲为 1:10 至 1:12，马格里布为 1:6 至 1:8）。此外，金币之所以成为商品，是因为与银币相比，金币的价格不是固定的，而是从一开始就取决于两种贵金属之间的汇率。从佛罗伦萨造币厂的书籍中我们可以对当时的铸币规模产生这样一个印象：在行情好的年份中，铸币的产量可以高达 35 万枚弗罗林，相当于大约 1.2 吨黄金。在阿尔卑斯山以北地区，弗罗林十分受欢迎，以至于它经常被仿铸。在公元 1332 年，教皇约翰二十二世因此告知所有佛罗伦萨人，如果有人胆敢自行仿铸弗罗林，就会被开除教籍。公元 14 世纪时，忠实复刻了弗罗林币图的众多仿铸硬币在整个欧洲一时间成为一种可以与今天的欧元相媲美的统一货币。在这些仿铸币中最著名的是匈牙利弗罗林，它诞生于公元 1320/1325 年前后，由于那里丰富的黄金储量而得以大规模生产，并自国王拉约什一世（公元 1342—1382 年在位）采用了国家统一的币图 [83] 以来一直在贸易中发挥着重要作用。

德国最著名的佛罗伦萨古尔登仿铸币是莱茵兰和吕贝克铸造的弗罗林。自公元 1340 年以来，吕贝克一直拥有帝国授予的金币铸造权，自公元 1356 年金玺诏书颁布以来，吕贝克也属于选帝侯，但其权力——至少在法律上——只有在获得帝国特殊批准的情况下才能行使。德意志的君王们也参与了金币的铸造。西吉斯蒙德国王（公元 1410—1437 年在位）的枢密大臣韦因斯贝格的康拉德自 1418 年起在法兰克福、多特蒙德、诺德林根和巴塞尔的皇家造币厂广泛铸造古尔登金币，该金币因其币图上象征皇权的金球而得名金球古尔登 [79]。这种币图在这之后经常被帝国内的各种王侯金币或城市金币所采用。因此，金球古尔登在一定程度上可以被视为早期帝国金币的一种类型。

从莱茵的弗罗林仿铸币中诞生了莱茵古尔登金币（莱茵弗罗林）[78]。借此，自公元 1385 年起建立了莱茵货币联盟的四位莱茵选帝侯（美因茨、科隆、特里尔、普法尔茨）大肆掠夺了利润丰厚的莱茵关税，造币的规模也相应地有所扩大。莱茵古尔登金币对于直到现代的德国货币体系都至关重要。不仅仅是金币，银币也以莱茵古尔登金币为标准确定了它们的币值（支付价值）。实际上，金古尔登这个词的本义指的是一匹“白马”。但是，由于后来这种金币体系中加入了等价的银币（古尔迪尼尔），近代时的古尔登既是银币的计量值又是银币的名字。古尔登这个概念对钱币学的界定具有十分重大的意义。

莱茵古尔登金币的出现取代了杜卡特和弗罗林这样的纯金币标准。无论在纯度还是在重量方面，莱茵古尔登金币都呈现出逐渐下降的趋势。这就导致了自公元 14 世纪末开始，曾经价值相等的杜卡特金币和古尔登金币在货币交易时不再等价。从这一时期开始直到公元 19 世纪，由 3.5 克纯金（24 克拉）铸造而成的硬币被称为杜卡特金币，即使这些金币并非来自威尼斯。与此同时，古尔登金币则指的是重量约为 3.25 克且成色通常为 18 至 21 克拉（750—875/1000）的硬币。从公元 13 世纪到 18 世纪，杜卡特金币一直是一种国际贸易货币，它的重量与纯度不曾发生改变。几乎所有的欧洲国家都铸造过杜卡特金币。

当杜卡特金币和古尔登金币统治了意大利、中欧和东欧地区时，西欧（法国、荷兰、英国）则踏上了另一条路。在这里出现了更大、更重的金币类型，其重量范围从 4 克到最大值 9 克。法国在腓力四世（公元 1285—1314 年在位）的统治下于 1296 年开始使用“弗罗林大银币”（大弗罗林），因其正面币图为端坐的国王手持权杖又被称为“权杖弗罗林”（金玛瑟）。金币的背面币图是四叶草内百合花装饰的十字架，并刻有 XPC VINCIT XPC REGNAT XPC IMPERAT（基督战胜一切）的字样，这种背面币图式样自那时起直到中世纪结束都一直不曾改变。只有正面币图后来发生了改变，其中公元 1337 年开始使用的手持百合盾牌而端坐的国王像币图（金埃居、国王座椅像埃居、椅子金币）最为重要。金（椅）埃居 [80] 是法国第一枚大型金币，其铸造目的是给予英国的战争提供资金，这场战争史称“英法百年战争”，战争初期法国的形势较为不利，法国的国王约翰二世（公元 1350—1364 年在位）于公元 1356 年被英国俘虏，为了向英国支付 300 万金埃居的赎金，法国发行了币图为奔腾的骑士的新式金币。因为该硬币的币图和铸造目的——为了赎回被囚禁的国王——它被命名为骑马法郎 [81]，后来法国的货币名称“法郎”就起源于此。这种由纯金铸成的法郎重量为 3.89 克。

与埃居和法郎相对的英国货币是公元 1344 年爱德华三世（公元 1327—1377 年在位）时期发行的诺波尔 [82]。诺波尔的币图是站在船上的国王，这暗示着 1340 年英国于布鲁日港击败法国舰队的事迹。诺波尔的标准重量为 8.97 克（公元 1351 年时降低至 7.78 克），其重量是法国埃居的两倍。它是中世纪最大的金币，也是北海和波罗的海贸易的主要货币。3 诺波尔等于 1 英镑。

法国各封国的金币、英国占领法国（阿奎丹公国 / 吉耶纳）所发行的金币和荷兰的金币都入乡随俗地根据法国国王所发行的金币做了调整。这些艺术水平高超的华美硬币大多以各式各样的币图命名（金天使、金椅、金皇冠、金法郎、金吉耶纳、金头盔、金豹、金狮、金羊、金旗、金彼得、金国王、金萨路特等），所有硬币——除了上文提及的12世纪德国发行的布莱克梯特硬币之外——都没有表现出百年战争所带来的困境。它们代表了中世纪硬币铸造的巅峰。

西班牙和葡萄牙的金币一部分是模仿意大利硬币（弗罗林）而铸造的，一部分是按照自己的标准铸造的，例如阿方索十一世（公元1313—1350年在位）时期于卡斯蒂利亚发行的多布拉，该硬币的币值比杜卡特略高。多布拉（包括币图不同的恩里克、葡萄牙的多布拉）有多种面值——还存在专用于礼仪场合的多布拉倍数币，单币价值可达50多布拉。在葡萄牙，多布拉在阿方索五世（公元1438—1481年）统治时期被克鲁扎多（背面币图为等腰十字架）[84]所取代，克鲁扎多发行于公元1499年至1557年间，是一种特别巨大的硬币，币值为葡萄牙兹的10倍。从公元16世纪开始，所有重量和价值为10杜卡特的金币都被称为葡萄牙罗塞。

中世纪末期　公元15世纪下半叶，比格罗申更重因而价值更高的银币又开始在意大利蓬勃发展起来。这些名为特斯托尼（来自意大利语testa，意为“头”或“头像”）的硬币重约10克，由加莱亚佐·马里亚·斯福尔扎（公元1466—1476年在位）在米兰首次铸造，其精湛的模切工艺与造币人的个人肖像充分体现了文艺复兴时期的高超艺术水平。这种硬币在阿尔卑斯山以北的法国、瑞士和德国南部等地得到了进一步的发展，在德语国家它被称为迪肯。蒂罗尔大公西吉斯蒙德（公元1439—1496年）有一个绰号叫作“硬币大亨”，他推动了高币值银币的发展并使之进入了一个为期较久又影响深远的高潮。在当时欧洲最现代化的霍尔（蒂罗尔）造币厂中，不仅有被称为芳德尼尔的特斯托尼，还有公元1486年诞生的古尔迪尼尔 [104]。古尔迪尼尔是一枚重量近30克的大银币，价值1古尔登金币。与此同时，近代最重要的硬币塔勒诞生了。公元1500年，富有银矿的萨克森选帝侯紧接着开始了塔勒的铸造。价值为1古尔登金币的蒂罗尔大银币和萨克森大银币仍然被称为古尔迪尼尔。塔勒这个名称来自公元1520年波希米亚约阿希姆斯塔尔的施利克伯爵大量铸造的新型硬币约阿希姆斯塔勒 [105]，该硬币的诞生也标志着铸币工艺跨入了近代阶段。

4. 拜占庭帝国的硬币（公元498—1453年）

与欧洲相反，拜占庭在中世纪早期和盛期具有非常发达的货币体系。这个货币体系以黄金为基础，核心则是罗马晚期的索利多金币 [85—86]。体系中第二重要的组成部分是铜币 [87]，银币 [88] 的地位相对较低。

从钱币学角度看，拜占庭的历史始于阿纳斯塔修斯一世（公元491—518年在位）和他于公元498年所推行的币制改革。在这场改革中，金币和银币只发生了外表上的变化，而铜币则在根本上进行了重新设计。阿纳斯塔修斯一世引入了新的 40、20 和 10 纽姆斯的币值单位，并通过硬币的大小、重量和所刻印的希腊记数字母来进行区分（M=40 纽姆斯，富利铜币 [87]；K=20 纽姆斯，1/2 富利铜币；I=10 纽姆斯，德卡努米昂，1/4 富利铜币）。公元 512 年时，所有币值的重量都增加了一倍，并引入了一个新的价值尺度 5 纽姆斯（标记为 E，彭塔努米昂）。查士丁尼一世（公元 527—565 年在位）统治时期，体系中又加入了新币值 30 纽姆斯，40 纽姆斯（富利铜币）的重量则再次得到提升。于公元 538/539—541/542 年铸造的查士丁尼一世富利铜币是所有拜占庭硬币中最大、最重的硬币，其重量超过了 25 克。但是这些硬币由于过于沉重而显得十分笨拙，以至于自公元 542 年起出现了逐渐减重的现象。自公元 538/539 年起，铜币大多采用刻印统治年份的形式标明日期。

阿纳斯塔修斯一世建立的币制体系在查士丁尼一世的统治下得到了扩展，包括三种金币（索利多、塞米斯、屈莱恩）、很少进行铸造的两种银币（米利亚伦斯、西利克）和五种铜币（40、30、10、5、1 纽姆斯），它充分证明了拜占庭货币发展的高水平。

直到公元 8 世纪上半叶时，拜占庭的币制在根本上仍然延续了阿纳斯塔修斯一世和查士丁尼一世时期的体系。最大的创新是在希拉克略一世（公元 610—641 年在位）统治时期引入的另一种银币面值赫萨格兰姆（币重 6 克 = 1/12 索利多 = 实重 6.80 克）。公元 9 世纪时，金币（索利多 / 诺米斯马 / 希斯塔梅隆）[86]、银币（米利亚伦斯）[88] 和铜币（富利）[87] 的面额均减少到一种，硬币的价值和汇率也并不总是清晰可辨。

公元 7 世纪时，拜占庭进行了一次行政改革，造币厂的数量也随之减少。东部地区的硬币铸造由君士坦丁堡接管，它一直是整个帝国最重要的造币厂。库兹柯斯造币厂仅负责铜币的生产，尼科米底亚和安蒂奥克 / 迪奥波利斯造币厂则停止了铸币活动。在西部地区，即迦太基和拉文纳总督区，迦太基、拉文纳、罗马和意大利南部的造币厂仍十分活跃，直到这些地区逐渐被阿拉伯人或伦巴第人所占领。最后一个仍在进行铸币活动的西部造币厂位于锡拉丘兹，它在公元 878 年被阿拉伯人征服。为了给巴尔干半岛的拜占庭地区供给硬币，塞萨洛尼基造币厂在公元 11 世纪时被重新启用。

公元 1092 年，在皇帝阿莱克修斯一世 · 科穆宁（公元 1081—1118 年在位）的统治下，拜占庭的币制进行了彻底的重整。古罗马晚期的索利多金币最终被废弃，一个由四种新币值构成的货币体系诞生了。新的金币种类有赫帕派伦（金币，20½克拉）[89] 和琥珀金特拉奇（纯度降低了 6—7 克拉的金币）。新硬币比朗特拉奇也称为斯塔梅隆（银铜合金，其中银的成分逐渐消失），取代了先前的米利亚伦斯银币。特塔特伦则成为新的铜币。公元 1092 年之后的金币和银币（赫帕派伦、琥珀金特拉奇和比朗特拉奇）呈碟形，并且具有凹凸两面，被称为所谓的碟形币 [89]。拜占庭人为何采用这种奇特的押花工艺尚无定论。其中一种流行的观点认为，这应该是为了表明硬币不再由纯金（如索利多 / 诺米斯马）和纯银（如米利亚伦斯）制成，而是由贵金属含量较少的金或银合金制成。

直到公元 11 世纪，拜占庭的索利多金币一直是一种广泛流通的世界货币，人们称它为中世纪的“美元”也并无不当之处。拜占庭帝国从公元 1092 年开始舍弃了索利多金币，转而使用贵金属含量较少的金币，这一举措反映了它在政治上的衰落。同时它的衰弱也体现在公元 1204 年，第四次东征的十字军占领了君士坦丁堡并建立了拉丁帝国。公元 14 世纪中期，金币（赫帕派伦）停止铸造，曾一度差异分明的拜占庭货币在 1453 年帝国灭亡时只剩下了近似于欧洲格罗申的几种银币（巴西利康、斯塔夫拉通）。

拜占庭硬币的币图主要采用统治者的形象、耶稣基督的形象 [86] 和圣母玛利亚的形象。对君王形象的宣传主要以索利多金币为媒介，除了统治者本人之外，王室成员（共摄者）也会出现在币图上。

5. 伊斯兰硬币（公元 7—15 世纪）

先知穆罕默德（卒于公元 632 年）时代，阿拉伯部落还没有自己的造币。当他们于公元 7 世纪迅速征服了伊朗的萨珊帝国和拜占庭帝国的大部分地区之后，他们面临了一个问题——在习惯了货币经济的地区组织硬币生产。在拜占庭货币区，金币和铜币有一部分仿铸了拜占庭硬币，另一部分则采取了更自由的形式，例如硬币上的哈里发肖像 [90]。在前萨珊帝国的领土区域，德拉克马上刻印有其他带有哈里发或总督名字的阿拉伯文字（阿拉伯 - 萨珊）。

在哈里发阿卜杜勒·马利克（公元685—705年在位）的统治下，货币体系于公元696至698年间进行了重整。在金币方面，索利多被第纳尔[92]取代，该硬币最早铸造于公元696/697年；在银币方面，萨珊帝国的德拉克马被迪拉姆[91]取代，该硬币最早铸造于公元697/698年。铜币（法尔斯）仅作为地方性支付手段发挥了一定作用。第纳尔相当于20叙利亚克拉的米特卡尔，标准重量为4.25克黄金。它最初相当于10迪拉姆，其币值兑换比率受到金银比率波动的影响。迪拉姆借鉴自萨珊帝国的德拉克马，它的标准重量为2.86克，在公元8世纪中叶增重到了2.97克。

第纳尔（单数为Dinar，复数的阿拉伯语为dananir，德语为Dinare）和迪拉姆（单数为Dirham，复数的阿拉伯语为darahim，德语写法不同，为Dirham/Dirhem/Dirhame）都采用了仅包含文字的统一币图。硬币上的文字采用了古老的库法体，这就是伊斯兰硬币通常被称为库法体硬币的原因。除了对应声明外，硬币上还包含了参照伊斯兰教历（希吉来历、伊斯兰历）铭刻的铸币地点与铸币年份的详细信息，该教历的起始日期为公元622年（穆罕默德从麦加出走到麦地那）。自伊斯兰历218年（公元833年）起，硬币上就增加了哈里发的名字，不久之后又增加了各个地区统治者的名字。除了在星期五的祷告中提到名字之外，在硬币上铭刻的名字在某种程度上可以算是声望和权力的文字证据。由于刻印了涉及统治者、时间和地点的精确信息，即使外表看起来没有吸引力，伊斯兰硬币也具有十分重要的价值，在某些情况下，它是伊斯兰地区历史的唯一证据，因为很多涉及地区和地方朝代及当权者的信息只能通过硬币得到。

公元749年，阿拔斯夺取了哈里发之位，推翻了倭马亚王朝，将巴格达定为了新的首都。从公元940年开始，统治哈里发地区的是布韦希王朝，而从公元1055年开始，统治哈里发地区的则是塞尔柱突厥人。公元819年至1005年，萨曼王朝统治着中亚西部（中亚河中地区、布哈拉和撒马尔罕中心地区）并开展了大规模的迪拉姆铸造。

阿拉伯金币（第纳尔）在西欧被称作曼库西，它也在那里发挥着自己的作用，与此同时，大量的银币（迪拉姆）被维京人带到了北欧和东欧。世纪之交时，阿拉伯硬币向欧洲的出口几乎戛然而止，这极有可能是由于哈里发地区的白银储量已被开采殆尽。这导致了迪拉姆的含银量大幅度降低，几乎降至纯铜硬币，而它的硬币重量也变得不再统一。这一时期，人们很难清晰地辨识出硬币的等级和面额，因此自公元11世纪以来，所有的甚至最劣等的银币都统一被归为迪拉姆，金币则是第纳尔，而铜币则大多连名称都没有（少数铜币被称作法尔斯）。与纯金石学类型大相径庭并值得注意的是，公元12世纪和13世纪时，在阿尔图格王朝和罗马塞尔柱王朝的铜币上发现了与古希腊罗马和拜占庭传统相关的象征性硬币图像。在叙利亚和巴勒斯坦，公元1098至1291年间存在着不同的十字军国家（耶路撒冷王国、埃德萨伯国、的黎波里伯国、安条克公国），他们仿照欧洲的模板铸造自己的硬币。在奇里乞亚亚美尼亚王国，公元1199至1342年前后鲁本王朝统治时期存在着一个基督教王国，这个王国也拥有自己的造币。

自公元1220年以来，蒙古人逐渐入侵西亚地区，公元1258年时，以巴格达为首都的阿拔斯王朝被终结了它的统治，蒙古人建立了伊尔汗国。在公元1278至1355年间，迪拉姆的重量在刻意的调控下从2.85克降至0.84克。硬币的背面刻印上了新的蒙古文字。在帖木儿帝国（公元1370—1507年）的统治下，银币（唐卡斯）变得比之前更大也更重。自公元13世纪末以来，奥斯曼土耳其帝国一直统治着安纳托利亚地区，它所铸造的硬币具有十分持久的影响力，同时，其下属的许多小国（贝伊国）在公元1335年之后铸造了新的银币（阿克切，土耳其语意为“白色的”，重约1.5克）和铜币（曼吉尔，重0.90至3.32克）。公元1454年，在征服了君士坦丁堡的穆罕默德二世（公元1451—1481年在位）统治时期，大致对应杜卡特金币的阿尔通（土耳其语意为“黄金”，重3.43克，苏丹金币，阿什拉菲）成为新的金币。

埃及在突伦王朝（公元868—905年）、伊赫什德王朝（公元935—969年）、法蒂玛王朝（公元969—1171年）、阿尤布王朝（公元1171—1250年）时期生产了大量的金币、银币和铜币，这些硬币上的铭文——尤其是自什叶派的硬币[93]——与其他的伊斯兰硬币存在明显不同，当然，这只有熟悉阿拉伯语的人才能观察出来。在马穆鲁克王朝（公元1250—1517年）统治时期，银币和铜币的币图也出现了明显不同。与此同时，金币自公元15世纪初就一直按照威尼斯杜卡特的标准进行铸造（阿什拉菲，得名自马穆鲁克苏丹阿什拉夫·拜伯尔斯，公元1422—1438年在位）。

北非马格里布的伊德里斯王朝（公元789—985年）、突伦王朝（公元868—905年）、阿格拉布王朝（公元800—866年）、法蒂玛王朝（公元909—972年）、兹里德王朝（公元972—1148年）、阿尔穆拉比特王朝/阿尔摩拉维德王朝（公元1046—1147年）、阿尔穆瓦希德王朝/阿尔摩哈德王朝（公元1148—1269年）、哈夫斯王朝（1237—1551年）和马林王朝（公元1269—1465年）都自己造币。由于黄金与苏丹有关，金币在这些地方尤其盛行，公元12世纪时，一种新型第纳尔硬币遍布各地，这种硬币的铭文位于正方形中央。与此同时，银币被铸成了正四方形的形状。

自公元711年起，阿拉伯人统治了伊比利亚半岛，即阿拉伯人的安达卢斯地区，在这之后的公元929年时，半岛在伍麦叶王朝阿卜杜·拉赫曼三世（公元912—961年在位）的统治下出现了一个拥有自己的金币和银币的哈里发地区，然而该地区的硬币仍然保留了第纳尔和迪拉姆的传统特点。在公元1030年开始的政治解体（泰法国家，即分裂后出现的穆斯林小王国）过程中，许多小国都铸造了自己的硬币，然而在西班牙人的收复失地运动中，这些小国被卡斯蒂利亚、莱昂、纳瓦拉、加泰罗尼亚－阿拉贡和葡萄牙等基督教王国所打败，直到1492年最后一个摩尔人的王国——格拉纳达王国投降，收复失地运动结束。

[第四章]

近代硬币

在从中世纪进入近代的15世纪末期，硬币正向着大型银币（塔勒）过渡，显然，这个过渡的过程仍然完全依靠欧洲的银矿。这些银矿在当时可以通过更先进的起重运输技术（水力）来进行重新开发或者比之前开采得更深。公元16世纪时，南美的白银也成为一种铸币原料来源，西班牙的白银船队每年都会将大量白银运至欧洲。到了17世纪初，即使使用来自美洲的白银也无法再满足人们不断增长的货币需求。三十年战争初期的劣币危机在所谓的挑拣与压秤时代（公元1619—1623年）的通货膨胀中表现得最为明显，这场危机为铜成为第三种铸币金属铺平了道路——并不仅局限于小额硬币领域。纯铜硬币最早于公元1577年在法国发行，自公元1599年起在西班牙发行。尽管西班牙是实际上从美洲白银中受益最大的国家，但由于其众所周知的贸易赤字问题，白银不久便流失给了它的欧洲邻国们。在瑞典，铜以所谓的“板币”（板式硬币）形式在公元1643至1768年间甚至普遍与银币并行使用。与瑞典的情况相反，德国一直以来在铸币上持保守态度，习惯于使用本身就具有贵金属价值的银币。自挑拣与压秤时代的通货膨胀后，铜币的名声十分糟糕，以至于它直到公元 18 世纪才被人们初步接受，19 世纪时被普遍接受，即使铜币作为分区硬币使用也是如此。紧随 16 世纪“银币时代”和 17 世纪“铜币时代”之后的是 18 和 19 世纪的“金币时代”，这一时期各国都进入了基于金币或基于金币和银币（双金属）的货币体系，与此同时，金银这两种贵金属间波动的兑换比率一直是一个问题。随着北德意志的各邦国与哈布斯堡的多瑙河各公国之间于 1857 年建立了货币联盟，法国、意大利、瑞士和巴尔干地区于 1865 年建立了拉丁货币联盟，欧洲的金币流通区域变得更为广阔。总而言之，除了在约 1850 至 1914 年间，所有金币与银币的汇率都不是固定的，而是以当时的金银汇率为基准，并且通常存在明显的溢价（贴水）情况。因此，交易中的每枚金币通常都会用秤和相关的砝码进行逐个检查，这种情况一直持续到 19 世纪中叶。

从 18 世纪开始，由于交易中的硬币数量不足，人们便开始使用银行票据（可以随时兑换成硬币）和政府票据（无权按面值兑现）形式的纸币。

尽管近代钱币史可以从全局的角度进行介绍，但是硬币史实际上在各个民族国家的历史中无处不在，尤其受限于如此短的篇幅，本书只能在概括全局的基础上进行一定程度的拓展。

1. 神圣罗马帝国与德国

今天的德国与奥地利在 1806 年之前都归属于德意志民族的神圣罗马帝国（旧帝国），其钱币史也是如此。神圣罗马帝国名义上的统治者是皇帝，在大多数硬币上都有所提及。

帝国阶层（即在帝国议会中拥有席位和投票权的各个级别的教会和世俗贵族、骑士团等）只要拥有铸币权，就会受到某些基本规则的约束，但很大程度上仍可以自由地设计自己的硬币。在神圣罗马帝国有 300 多个教会和世俗的领地以及帝国城市拥有铸币权——至少是暂时的铸币权。公元 1803 年，《帝国代表重要决议》将该数字减少到 50 以下，而在公元 1871 年时的神圣罗马帝国中，这一数字仍维持在 25。因此，将德国的钱币史称为欧洲最多样化又最复杂的钱币史并非德国人自吹自擂。

公元 16 世纪时，整个帝国范围内推行的硬币标准化运动不少于三次（1524 年、1551 年、1559/1566 年）。然而，它们或多或少都失败了。最终，金币方面保留了杜卡特，银币方面保留了塔勒作为统一的帝国硬币。这两种硬币只在重量和成色上是全帝国统一的，它们的币图则因地而异。

杜卡特金币的标准重量为3.49克，成色为23⅔克拉（986/1000）。这个标准自始至终未被打破，不然的话，硬币就不能算是杜卡特了。古尔登金币并非官方的帝国硬币，但是它也被允许流通。公元1550年前后，莱茵古尔登金币是最重要的古尔登金币类型，它的重量为3.25克，成色为18⅓克拉（764/1000）。随着时间的推移，该硬币的标准有所降低，因此，古尔登金币是一种价值波动型金币。

塔勒从公元1566年开始按照9塔勒标尺（9枚塔勒含1马克纯银，即233.812克）铸造，它的标准重量为29.23克，含银量为25.99克（纯度为889/1000）。1/2塔勒、1/4塔勒（1帝国塔勒）、1/8塔勒（1/2帝国塔勒）也有着同样的成色（889/1000）。人们普遍称呼这些遵循塔勒标尺（原则上该标尺一直有效至1806年帝国的灭亡）的硬币为粗银币或通货银币。1/8塔勒以下所有硬币都被视为领地硬币，并按照不同地域的规定进行铸造，自公元1559年以来，这些法规的制定、对铸币的控制与监管一般都由各自领地政圈决定。自公元1512年以来，神圣罗马帝国分为10个领地政圈（巴伐利亚、勃艮第、法兰克、莱茵选帝侯国、下莱茵－威斯特法伦、下萨克森、上莱茵、上萨克森、奥地利和施瓦本政圈）。这些政圈制定了自己的造币法规，并在每年或每半年的检验日对硬币进行检查。除了拥有银矿的地区允许继续由自己的造币厂进行铸币之外，所有的硬币都应该只在该政圈指定的造币厂内铸造。当时，多个政圈会在造币区进行相应的合作。

因为各领地的货币不同，塔勒的细分情况也有所不同。在德国南部与奥地利的克莱采硬币区，塔勒相当于72克莱采；在德国中部的格罗申硬币区，塔勒相当于24格罗申或36玛丽安格罗申；在德国北部的先令硬币区，塔勒相当于32先令；在德国西部与莱茵的埃尔巴白硬币区，塔勒相当于34埃尔巴白硬币。价值最低的硬币通常是赫勒或舍夫（路德本《圣经》中提到的可怜寡妇的小舍夫），它们的价值为1/2芬尼。1塔勒相当于288个芬尼，1克莱采相当于4芬尼，3克莱采相当于1格罗申，1格罗申则与1先令一样价值12芬尼。在这些币值之间还存在着许多地方性小额硬币（3芬尼、5芬尼、巴岑、格罗舍尔、格罗特等）。直到公元19世纪，德国的所有币制系统都是以重233.812克的科隆马克为基础的十二进制币制。直到公元1857年的《维也纳货币协议》之后，德国才引入了以500克磅币为基础的十进制币制。

在挑拣与压秤时代（公元1619—1623年）出现了大量成色低于铸币标准的硬币。新造币厂遍地开花（例如在面积极小的勃兰登堡安斯巴赫就出现了12个造币厂，曼斯费尔德甚至出现了40个造币厂）。主要的挑拣币种类有24克莱采（6巴岑）、12克莱采（施雷肯贝格尔银币）、2先令币以及格罗申和格罗申倍数币。帝国塔勒的身价上涨了10倍以上，甚至高于1000克莱采（240格罗申），但它自身并未卷入挑拣的漩涡，对所有造币地区而言，它始终是“神圣”的。公元1623年之后，挑拣币通常很快就被收集起来重铸为成色更好的硬币，但是鉴于货币需求和白银价格的日渐上涨，新铸硬币不再遵循旧时的帝国塔勒标准。人们其实并不想放弃帝国塔勒，因此他们在于雷根斯堡固定召开的帝国议会上不断地商讨新的帝国铸币标准。为了合法地存在下去，萨克森选帝侯国和勃兰登堡在公元 1667 年达成了所谓的锡灰货币协定（10½塔勒标准）。这一协定的巧妙之处在于它并没有违背旧式塔勒的 9 塔勒标尺，新铸造的大银币也并非塔勒，而是 2/3 塔勒（古尔登）以及 1/3 塔勒和 1/6 塔勒。旧式的帝国塔勒突变成了“用硬币支付的塔勒”（实物塔勒）。尽管它并没有完全退出流通市场，但也几乎仅用于代表性和特殊场合，例如统治者去世后其继任者发行的亡者塔勒和类似的纪念币等。

众多的亡者塔勒和其他塔勒形式的纪念币——例如采矿塔勒和罗塞塔勒——是德国造币领域的一种特色。采矿塔勒是由各个矿区掌控者根据各自矿山——其名字通常会在硬币上提及——的产量铸造而成的。罗塞塔勒是不伦瑞克公爵府的各分支在公元 1574 和 1685 年间用哈尔茨矿山的白银铸造而成的，它是一种价值和重量最多为 25 帝国塔勒的宽银币，其名字可能源自一种名为葡萄牙罗塞的金币。

许多造币地区采用了萨克森与勃兰登堡的（锡灰）铸币标准。与此同时，部分由于白银价格的持续上涨，部分也由于人们贪图利润的卑劣心理（塞恩－维特根斯坦是其中最典型的例子），硬币的成色进一步降低，因此从公元 1675 年开始出现了第二次劣币危机，这一现象直到 1712 年造币标准所规定的成色再次下降（12 塔勒标尺、莱比锡铸币标准）才得以好转。帝国会议迟迟协商不出一个结果，这最终导致了12塔勒标尺在1738年时作为帝国铸币标准得到了事实上的承认。然而此时由于白银价格的进一步上涨，即使遵循12塔勒标尺进行铸币，银币铸造业也变得无利可图，神圣罗马帝国中的两个主要强国——奥地利和普鲁士——选择以自己的方式令造币业适应实际情况与相关政策。

公元1750年，普鲁士国王腓特烈二世推行了一场根本性的硬币改革，其核心硬币是一种新型塔勒（标准重量为22.272克，含银量为16.704克 = 750/1000），该硬币被普鲁士人自豪地称为"帝国塔勒"[110]。这个名字也清楚地印在硬币币图中位于武器库之上的普鲁士鹰上方。新的普鲁士帝国塔勒遵循14塔勒标尺，这个标尺也可以根据腓特烈二世的铸币总长约翰·菲利普·格劳曼之名被称为"格劳曼式铸币标准"。在七年战争（公元1756—1763年）中，普鲁士帝国塔勒失去了效力，它被劣质的战争钱（以法连劣币）所取代。公元1764年，它在改良后又恢复使用。即使在1821年为了严格硬币体系而废除地方硬币所进行的改革中，它仍然是普鲁士硬币的基础（1塔勒 = 30格罗申银币 = 360芬尼，带有三个字母"n"作为标识）。

奥地利也于公元1750年放弃了旧式帝国塔勒并采用了以价值60克莱采的古尔登银币为基础的较低铸币标准，这个铸币标准通过了1753年与巴伐利亚签署的造币协定，被称为所谓的"协定标准"。众多的德国领地都铸造了协定塔勒（2古尔登），从1马克纯银（标准重量28.06克，含银量23.38克 =833.33/1000）中可以铸造出10枚协定塔勒。它在奥地利相当于120克莱采，但在巴伐利亚和德国领土相当于144克莱采，因此，德国的协定标准实际上是24古尔登标尺。

公元1838年，《德累斯顿货币协议》规定了在德意志关税同盟的各成员国中，北德（普鲁士）的塔勒币和南德的古尔登币汇率为：2塔勒 = 3½古尔登。新发行的塔勒与普鲁士塔勒相对应，但它现在的名字是联盟塔勒[113]。公元1857年，《维也纳货币协议》将奥地利也纳入了这个货币协议，同时还引入了以500克磅币而非先前科隆马克为基础的新的十进制币制（2普鲁士塔勒 = 3½南德古尔登 = 3奥地利古尔登）。这个新的币制在硬币本身也有所体现。从公元1857年开始，联盟塔勒上不再铭文XIV EINE F [EINE] M [ARK]，而是改为XXX ONE POUND FINE，即30塔勒等于1磅纯银。

古尔登金币自公元17世纪下半叶以来就不再流通。杜卡特金币一直沿用至19世纪，但自18世纪初以来，它也越来越多地被仿制的西班牙皮斯托尔和法国金路易的较重金币取代。在这些价值5塔勒的金币中，大多数硬币仿照金路易按照其造币人的名字命名（萨克森州的金奥古斯特、普鲁士的金腓特烈和金威廉、梅克伦堡的金腓特烈－弗朗兹、布伦瑞克的金乔治和金卡尔、巴伐利亚的金麦克斯等），公元1750年发行的普鲁士金腓特烈[98]成为塔勒硬币领域最重要的硬币种类（6.655克黄金纯度为6.055克 = 906/1000纯度）。南德古尔登硬币领域中与之相对应的是1736年首次在巴伐利亚发行并在许多造币地区进行铸造的卡洛琳币（金卡尔），它的价值为10古尔登。自公元1775年起，卡罗琳币停止铸造，它沦为了计量价值等于 11 古尔登的小额硬币。杜卡特则没有完全过时，而是继续活跃在用哈尔茨山脉和几大河流（莱茵河、多瑙河、伊萨尔河、因河）的黄金铸造而成的各类杜卡特硬币中。

《维也纳货币协议》在十进制币制中引入了新的金币种类克朗 [102]（1/50 金磅 =900/1000 纯度的 10 克黄金），它与先前的所有金币一样是一种贸易硬币，与银币没有固定的兑换汇率。直到公元 1871 年德意志第二帝国成立后，1873 年的《硬币法案》才引入了以价值 100 芬尼的马克为基础的金币。1 克朗硬币等于一枚 10 马克币，2 克朗硬币等于一枚 20 马克币 [103]。直到公元 1907 年，《维也纳货币协议》的联盟塔勒始终保持着 3 马克的兑换比，从公元 1909 年开始，单独的 3 马克硬币 [138] 诞生了。20 马克、10 马克、5 马克、3 马克和 2 马克硬币的正面币图由联邦各州自行设计，从 1 马克起所有马克硬币的背面币图则在全帝国范围内统一。一枚 20 马克硬币含 7.16846 克黄金，一枚 10 马克硬币含 3.58423 克黄金；一枚 5 马克硬币含 25 克白银，一枚 3 马克硬币含 15 克白银，一枚 1 马克硬币含 5 克白银。公元 1914 年时，斯潘道城堡的朱利叶斯塔就藏有 1.2 亿枚金币（即 48 吨黄金）的帝国战争宝藏。

第一次世界大战爆发后，金币体系崩溃了。在 1922/1923 年的通货膨胀时期出现了 3 马克、200 马克和 500 马克的铝币，在威斯特法伦甚至出现了高达 10 亿马克硬币的政府金券。公元 1923 年，通货膨胀停止了，莱顿马克从 1923 年 11 月 18 日开始发行 [1 莱顿马克 = 1 万亿（金）马克]。莱顿马克的出现实际上将货币恢复到了战前的状态。战前的 1 万亿（金）马克（难以想象的天价）转化为了规模可控的莱顿马克。在战前，美元等于 4.2（金）马克，现在则等于 4.2 万亿（金）马克或 4.2 莱顿马克。从 1925 年 8 月 30 日起，莱顿马克最终被称为帝国马克 [139—140]。公元 1948 年的货币改革规定了新的德国马克 [142] 具有与帝国马克相同的汇率，即 1 美元等于 4.20 德国马克。

2. 奥地利与多瑙河各公国

由于自公元 1440 年以来，神圣罗马帝国皇帝和德意志国王都一直由哈布斯堡家族的成员担任——除公元 1740 至 1745 年之外——所以，直到公元 1806 年，奥地利的造币与神圣罗马帝国及德国的造币都十分紧密地交织在一起。自公元 1556 年查理五世退位后，神圣罗马帝国和德意志王国的王冠长久地落到了奥地利的哈布斯堡王朝分支头上，波希米亚、摩拉维亚、西里西亚、匈牙利以及意大利、荷兰和巴尔干的部分地区都属于其统治疆域。因此，这些国家的铸币活动很大程度上也取决于维也纳，即使他们或多或少也有自己的君王。既遵循中央的规定又体现区域自身的特色是哈布斯堡王朝造币的独特之处。各种面值的杜卡特和塔勒是整个硬币体系的支柱，在它们之下还存在着区域特色明显的各种小额硬币。即使在奥地利内部也是如此，克恩顿、施蒂里亚、萨尔茨堡和蒂罗尔直到玛丽娅·特蕾莎时期（公元 1740—1780 年在位）前都拥有自己的铸币。最重要的奥地利小额硬币是克莱采，1 克莱采价值 4 芬尼，72 克莱采价值 1 帝国塔勒。

自公元 17 世纪以来，由于白银价格的急剧上涨，帝国塔勒无利可图的问题变得越来越严重。公元 1750 年，新铸币标准的制定解决了这个问题，它将塔勒与克莱采自 1692 年起稳定在 1 塔勒等于 120 克莱采的汇率固定了下来。新的塔勒（23.386 克银）根据同年与巴伐利亚缔结的造币协定被称为协定塔勒或 2 古尔登币（参照 16 世纪时价值 60 克莱采的古尔迪尼尔大银币），它的面值最大等于 30 克莱采，最小等于 1 克莱采。新式塔勒中的玛丽娅·特蕾莎塔勒 [109] 享誉世界，它在土耳其和北非地区尤其广受欢迎，甚至直到 1945 年都作为阿比西尼亚的国家货币存在。公元 1780 年女王逝世后，玛丽娅·特蕾莎塔勒并没有停止铸造，不仅仅是奥地利，罗马、伦敦、巴黎、布鲁塞尔和孟买等地也在公元 1935 至 1961 年间进行了该硬币的铸造。据说该硬币的铸造数额共计高达约 4 亿枚。时至今日，维也纳造币厂也仍在继续生产带有年份 1780 的玛丽娅·特蕾莎塔勒。

公元 1806 年，弗郎茨二世放弃了神圣罗马帝国皇帝的封号，成为奥地利皇帝弗郎茨一世。造币业则在公元 1857 年时才发生了变化，随后基本上遵照与普鲁士的货币联盟引入了十进制币制，并采用价值 100 克莱采的古尔登作为新的银币，克朗作为新的金币。当新的德意志帝国于 1873 年引入了马克币制时，奥地利与之相对应地在 1892 年引入了克朗币制（1 克朗 = 100 赫勒）。直到公元 1915 年，杜卡特金币——相当于拉丁货币联盟的 10 法郎和 20 法郎——和4古尔登金币及8古尔登金币都被用作贸易硬币。公元1918年，奥地利共和国成立，它的货币是公元1925年发行的价值100格罗申的先令。

在奥地利，除了哈布斯堡王朝之外，萨尔茨堡的大主教们也铸造了自己的硬币，自公元16世纪以来，他们发行的金币（高至100杜卡特）和塔勒华丽又壮观，给人留下了深刻的印象。相比之下，公元18世纪和19世纪时所谓的奥地利新诸侯（维也纳宫廷贵族）所铸造的硬币仅有很少的样式种类。

波希米亚直到公元1780年才拥有自己的硬币，除了币图不同，这些硬币在币种方面与奥地利哈布斯堡王朝的硬币没有显著差异。哈勒（赫勒）是价值最低的硬币。它是1918年成立的捷克斯洛伐克共和国币制的基础（1克朗/科鲁那=100哈勒）。在波希米亚，除了皇帝之外还有其他领主也发行了硬币，例如奥洛穆茨的主教们、施利克伯爵[105]、“冬王”腓特烈五世（公元1618—1621年在位）、1626—1634年间获封弗里德兰和萨根公爵的帝国将军阿尔布雷希特·冯·瓦伦斯坦[107]。作为一个审慎的商人，瓦伦斯坦从汉斯·德·维特创立的硬币财团中获得了可观的利润，公元1622/1623年，波希米亚、摩拉维亚和南奥地利的造币厂以600万古尔登的价格租给了该财团，这使财团在劣币生产方面获得了明显更高的收益。

西里西亚的货币分别是格罗舍尔（3/4克莱采）、波尔图拉（1/2克莱采）和狄纳里（1/4克莱采）。除皇帝外，皮亚斯特家族遗产的几个较小的王国、公国（最重要的是利格尼茨–布里格和雅格恩多夫），以及教区和弗罗茨瓦夫市也发行了自己的硬币。公元1740年，腓特烈大帝夺得西里西亚将其并入了普鲁士，但直到公元1821年，西里西亚都一直保留着自己的地方货币。

3. 瑞士

直到公元18世纪末期，瑞士的造币业与德国大致相当，存在许多铸币地点（州、城市、教区、修道院——共计23个铸币地点），以塔勒为主要货币，还拥有地方性的小额硬币。瑞士联邦直到公元1648年才正式脱离神圣罗马帝国，实际上，自中世纪结束以来，大多数地区都是这种情况。最重要的硬币生产商是巴塞尔（教区、城市、州）、伯尔尼（城市和州）与苏黎世（城市和州）。典型的瑞士硬币有盎司特、布卢兹格、巴岑、赫勒、奥特利、先令、索尔、拉彭等。公元1798年，处于大革命之中的法国占领了瑞士，建立了海尔维第共和国，将瑞士的货币引入了法国的货币体系，此时的铸币以“1法郎=10巴岑=100拉彭”为基础。公元1815年，瑞士联邦得以恢复，这两种币制都被保留了下来，22个州重新获得了铸币权。公元1848年，瑞士废除了地方铸币并铸造了价值5法郎到1拉彭的统一硬币。所有将近6600万枚的旧硬币都进行了更换。公元1865至1927年间，瑞士是拉丁货币联盟的成员（详见法国部分）。公元1883至1936年间，金币开始在市场上流通（10、20、100法郎），其中最著名的是公元1897至1949年间铸造的瑞士小姐金币（20法郎）。自公元1848年起发行的5法郎银币在1931年时缩小了尺寸，并在1968年时完全不再含有白银成分，今天由铜镍制成的5法郎硬币在口语中被称为“5镑”（5里弗尔），这使我们回想起从前的硬币朋友们。

4. 意大利

和德国一样，意大利也是一个相对较晚才成立的民族国家，直到公元19世纪，意大利的政治结构都同样松散，由此产生了众多铸币权所有者。在意大利北部主要是皮埃蒙特－萨沃伊公国（自1720年起为撒丁岛皮埃蒙特王国）、米兰、曼托瓦、摩德纳、帕尔马公国以及威尼斯和热那亚共和国；在意大利中部是托斯卡纳/佛罗伦萨大公国（梅迪奇家族）和罗马教皇国；在意大利南部是那不勒斯和西西里岛。欧洲的金币起源于中世纪晚期意大利的弗罗林和杜卡特（公元1252或1284年起），较大的银币则起源于特斯托尼（公元1464年起）。到了近代，意大利不再给硬币史带来任何创新。直到公元1797年领主制终结时，威尼斯杜卡特都未曾改变它的模样，但从数量上来看，它的重要性早已被匈牙利杜卡特或荷兰杜卡特所超越。塔勒作为最大的银币面额，以塔勒罗、杜卡托尼或斯库多（意大利语意为“盾牌”），于公元1551年首次在米兰发行并广泛流通。它的币值划分因地而异，大部分地区使用索尔图，教皇国使用朱利奥和巴约科，那不勒斯和西西里岛使用格拉诺。中等面额的银币以及小额铜币在区域上差异很大且种类繁多（例如威尼斯的马塞罗和莫西尼哥）。在金币方面，多皮亚成为主要的硬币。早在公元 15 世纪，原始的 2 杜卡特金币就曾在各种场合铸造过，从公元 16 世纪开始，意大利的多皮亚在重量和成色上发生了一些改变，但大致相当于西班牙的达波隆和法国的金路易（纯度为 22 克拉）。

公元 1797 年至 1814 年间，拿破仑占领意大利后废除了大部分地方性硬币。以“100 分 =1 里拉”为基础的币制于公元 1814 年被引入奥地利的伦巴第威尼托王国，于公元 1816 年被引入撒丁岛王国，它从 1860 年起成为整个王国的统一币制，从 1945 年起成为意大利共和国的币制。和英镑和法镑一样，里拉起源于中世纪等于 240 狄纳里的硬币镑数，并在公元 15 世纪末时以单枚硬币的形式在威尼斯被归类为里拉币。

5. 西班牙与葡萄牙

公元 1497 年的货币改革标志着西班牙进入了钱币学意义上的近代时期。改革后的货币制度中，主要的币值单位有对应杜卡特的埃克塞伦提金币（通常以 2 倍数币的形式出现）、里亚尔银币

（3.49 克）和马拉维第铜币（1 里亚尔 =34 马拉维第）。8 里亚尔银币（27.92 克），即 8 银比索（重量为 8），大致相当于德国的塔勒，在欧洲大多被称为皮阿斯特。公元 1537 年，新的金币埃斯库多（即 16 里亚尔）诞生了，公元 1566 年则出现了多勃拉埃斯库多，它和达波隆、多乌隆或皮斯托尔也成为国际上最重要的金币之一，并且是法国金路易硬币的原型。它的成色直到 1772 年都是 22 克拉，从 1786 年开始则更改为 21 克拉（6.20 克或 5.86 克黄金）。达波隆四倍币（四倍币、金盎扎）是继葡萄牙兹之后最大的近代流通金币，含金量为 24.81 克。

尽管西班牙拥有丰富的贵重金属，但直到公元 16 世纪末，该国的货币仍主要由铜币组成，即从比朗硬币（卡尔德里拉，一种含银量低的铜币）开始，然后是通常没有固定形状且伴随通货膨胀效应的铜币，也就是所谓的块钱（单独的硬币类型为卡蒂略、夸尔托、奥查沃、马拉维第）。里亚尔在铜币中（里亚尔铜币）相当于 34 马拉维第，在银币中（里亚尔银币）则相当于 51 马拉维第，更晚期时相当于 64 马拉维第。公元 1729 年时，货币分为 5 种金币币值（8、4、2、1、1/2 埃斯库多）、5 种银币币值（8、4、2、1、1/2 里亚尔）和 4 种铜币币值（8、4、2、1 马拉维第）。公元 19 世纪时，西班牙引入了十进制币制。公元 1854 年时以里亚尔为基本货币单位，1 里亚尔等于 100 分。公元 1856 年时以埃斯库多（现在更多是银币）为基本货币单位，1 埃斯库多等于 100 分。从公元 1870 年开始以比塞塔为基本货币单位，1 比塞塔等于 100 分。

葡萄牙在金币上的表现尤为引人注目，早在公元 1499 至 1557

年间，葡萄牙就铸造了当时最大的金币葡萄牙兹（39.9 克纯金）。葡萄牙兹相当于 10 克鲁扎多（不到 12 杜卡特）或 4000 里斯。葡萄牙丰富的黄金导致后来诞生了许多其他类型的金币，例如圣文森特金币（含金 7.05 克，1000 里斯）或公元 1561 至 1563 年间的恩根霍索（含金量 3.50 克，500 里斯）——葡萄牙第一枚刻印有年份的硬币，同时也是第一枚机铸币（所以该硬币的名称含义为“工程师”）。公元 1622 年，克鲁扎多从最初的 400 里斯增值到了 1000 里斯。在公元 1663 至 1772 年间，大量铸造的 4 克鲁扎多金币被称为摩伊多（源自葡萄牙语 moeda de ouro，意思是黄金制成的货币；重 13.776 克，含金量 12.63 克），这种硬币也被当作一种世界贸易硬币使用。公元 1722 年，葡萄牙引入了仿照西班牙模式的埃斯库多（1600 里斯），并铸造了五种币值，从 1/2 埃斯库多到 4 埃斯库多（皮卡，6400 里斯，含金量 13.148 克）和 8 埃斯库多（多布拉，12800 里斯，含金量 26.297 克）。最大的金币是多布拉（含金量 49.31 克，20000 里斯，后来为 30000 里斯）[94]，摩伊多相当于 1/10 多布拉。公元 1822 年，所有的金币都被回收，只有 2 埃斯库多（半皮卡）和皮卡仍然流通。

在银币方面，银葡萄牙兹（自公元 1504 年起）和银克鲁扎多（自公元 1643 年起，公元 1688 年后为新克鲁扎多）分别有 400 和 500 里斯的最高面额，它们对应着西班牙的皮阿斯特。托斯托（100 里斯）和半托斯塔（50 里斯）分别对应于西班牙的 2 里亚尔和里亚尔。面值最小的银币是等于 20 里斯的文丹姆（葡萄牙语 vinte 意为 20）。由于贵金属价格上涨，金银硬币的价格随时间而变化，这一点通过流通硬币上的相应价值戳记得以体现。里亚尔（复数为里斯）在15世纪时仍旧作为银币存在，自公元1543年开始则变成了面值从10到1的各种铜币。

公元1822/1835年，克罗瓦（克朗）作为一种新的金币和银币引入葡萄牙：克罗瓦金币（9.56克）等于5000里斯，克罗瓦银币（29.61克）等于1000里斯。随着公元1854年向金本位制的过渡，新的克罗瓦金币（17.735克）等于10000里斯或10密尔雷斯。公元1911年，在放弃了金本位制并废除了君主制之后，等于100分的埃斯库多成为葡萄牙的国家货币。

6. 荷兰、比利时与卢森堡

公元16世纪时，大部分美洲银币是在西班牙统治下的荷兰造币厂中铸造的。大致与德国的帝国塔勒相对应的是较重的菲利普塔勒（菲利普达尔德，国王塔勒；34.46克，含银量28.21克），它自公元1559年开始发行，币图为菲利普二世国王的半身像，以及较轻的十字塔勒（勃艮第塔勒，勃艮第达尔德；重29.535克，含银量26.253克），它自公元1567年开始发行。

公元1581年后仍留在哈布斯堡帝国的荷兰南部（现在是比利时）在1612年建立了自己的币制体系。新的金币是索维林金币（金索维林）；塔勒硬币中较重的是相当于3古尔登（60索尔）

的杜卡顿（币图为骑马人），较轻的是相当于48索尔的巴塔哥（币图为圣安德鲁十字架）；铜币则是利亚德（1/4索尔）。杜卡顿应该等同于杜卡特银币（32.5克，含银量最初高于30克，后来为28.88克），因此，它的价值显然高于德国帝国塔勒（含银量25.98克）。与之相反，巴塔哥（含银量24.70克）的价值要低于帝国塔勒，并且作为十字塔勒、阿尔伯特斯塔勒、勃艮第塔勒或布拉班特塔勒成为国际贸易的重要硬币之一，还被普鲁士等国家反复模仿。公元1755年，王冠塔勒（29.4克，含银量25.9克）在荷兰以外再次广受欢迎，取代了杜卡通和巴塔哥。

自公元1581年以来，一直独立于西班牙的荷兰北部各省（联省共和国）是最重要的硬币生产国之一，它在公元16世纪至18世纪发行的杜卡特和塔勒种类十分丰富，尼德兰人（荷兰人）的杜卡特[99]遍及整个欧洲。联省共和国的七个省全部自公元1583年开始发行了统一的硬币，在硬币边缘的铸文末尾则总会提到各省的名字——海尔德兰、格罗宁根、荷兰、上艾瑟尔、泽兰、乌得勒支、西弗里斯兰。这一币制的基础是斯图弗。1杜卡特相当于68斯图弗；1里格斯达尔德相当于40斯图弗，公元1586年起变为45斯图弗，公元1606年后则变为47斯图弗。公元1659年，由荷兰南部引入的相当于60斯图弗的杜卡顿（骑马人币）、相当于50斯图弗的杜卡特银币和相当于28斯图弗的弗罗林取代了里格斯达尔德，公元1680年，相当于20斯图弗的古尔登取代了此前的粗银币。1杜卡特相当于5古尔登。此外，骑马人币是一种价值7古尔登的新金币。铜币方面，该币制使用的是杜伊特。

从公元 1830 年开始，比利时和荷兰这两个新王国采用了法国的十进制币制：在比利时和卢森堡大公国（自公元 1890 年起脱离比利时），币制基础是 1 法郎等于 100 生丁；在荷兰，币制基础则是 1 古尔登等于 100 分。

7. 法国

法国的塔勒之路是从路易十二（公元 1498—1515 年）以来仿照意大利铸造的特斯通，到（第二）法郎（从公元 1575 年开始铸造，大致相当于德国的 1/2 塔勒硬币，14.188 克，含银量 11.82 克），再到 1641 年引入的白埃居或银路易——价值 60 索尔，大致相当于德国的帝国塔勒。普法尔茨和西班牙的继承权战争摧毁了法国货币：在公元 1689 年至 1726 年的所谓改革中，银币总共被改动了 9 次，旧硬币常常只是简单地进行了表面的再铸造后就以新的市场价值重新投入流通。公元 1726 年，埃居有了一种稳定的币图新设计：铸造至公元 1790 年的新埃居（月桂埃居）将被月桂树枝包围的百合花叶作为币图，故名为阔叶塔勒 [111]。与此同时，大量的硬币出土证明了法式硬币在德国也被广泛使用。

像埃居一样，公元 1640 年发行的金路易（路易多）[96] 也不仅局限于法国。它是西班牙 2 埃斯库多（皮斯托尔）的仿铸币，本身也是众多仿铸币的原型，尤其是德国的仿铸币。金路易最初等于

10 里弗尔，公元 1795 年末时则等于 25 里弗尔。和币图一样，硬币的重量标准也在公元 1689 至 1726 年的改革中经常更改，而 22 克拉（917/1000）的成色则大多无法达到。

在大革命之前，相当于 20 索尔 / 苏（240 德尼尔）的里弗尔（镑）构成了币制基础。埃居（塔勒）与 60 苏对应，理论上为 3 里弗尔。但是，由于里弗尔是固定的记账单位（每 60 苏的硬币价值 3 里弗尔），自公元 1740 年以来，埃居的价值已经升高至 6 里弗尔。根据公元 1795 年 8 月 15 日颁布的法律，法国引入了价值 100 生丁的（第三）法郎作为新的币制基础，新的法郎硬币（5 克，含银量 4.5 克）自公元 1740 年以来实际上与（不铸造为实际硬币的）里弗尔相同。新硬币实际上在公元 1803 年的“货币条约”后才真正投入使用。金币的币值分别是 20 法郎和 40 法郎 [101]，银币是 5 法郎、2 法郎、1 法郎和 1/2 法郎，铜币（自 1577 年以来一直是法国币制的组成部分，主要硬币为利亚德）则是面值为 2、1 的十分币和面值为 5、2、1 的分币。

公元 1865 年成立了所谓的拉丁货币联盟（拉丁联盟），成员有法国、比利时、意大利和瑞士，后来又加入了新成员希腊（1868 年）和巴尔干半岛。在法国的领导下，拉丁联盟建立了一个以法郎为货币单位的货币联盟，这个货币联盟直到第一次世界大战之前都一直没有解散。它的主要硬币是 5 法郎银币和 20 法郎金币。比利时于 1925 年脱离了联盟，瑞士也于 1927 年脱离。

公元 1514 年，最后的大公国布列塔尼并入法国后，法国不仅实现了政治上的统一，还实现了货币上的统一。只有东部曾经是德意志帝国一部分的勃艮第地区获得了区域铸币权（贝桑松、东布）。就硬币史角度而言，路易十四时期吞并的阿尔萨斯和洛林地区仍然属于神圣罗马帝国。

8. 英格兰与英国

与法国一样，特斯通（公元1504年首次铸造）也是英格兰的第一枚大银币。紧随其后的是公元1551年发行的克朗银币，它是一种与塔勒相对应、价值5先令的硬币。它相当于公元1527年亨利八世（公元1509—1547年在位）统治时期首次铸造的克朗金币，就此克朗金币（22克拉，916/1000）成为继索维林金币（24克拉纯金）之后的第二个金币标准。

在伊丽莎白二世（公元1558—1603年在位）的统治下，造币业整体得到了重新规划。自1543年以来已严重贬值的旧银币被逐出了流通市场，铸币恢复到了最纯的标准（含银量925/1000）。新的伊丽莎白女王银币体系包括至少11种币值：克朗（1克朗 = 5先令 /60便士）[106]、半克朗（30便士）、先令（12便士）、六便士（6便士）、格罗特（4便士）、三便士（3便士）、半格罗特（2便士）、三半便士（1½便士）、便士（1便士）、三发兴（3/4便士）和半便士（1/2便士）。在金币方面则有属于纯金币的索维林（30先令 /360便士）、里亚尔（15先令）、安琪儿（10便士）、半安琪儿（5 便士）和 1/4 安琪儿（2½先令 /30 便士），以及属于克朗金币的 1 镑索维林（20 先令 /240 便士）、半镑（10 先令）、1 克朗（5 先令）和半克朗（2½先令 /30 便士）。

自公元 1603 年开始，英格兰、苏格兰和爱尔兰统一为英国，新的金币尤尼特（该词本意为“统一”，含金量 9.20 克）在公元 1604 年时取代了 1 镑索维林。自公元 1613 年开始，英国缺乏小额硬币的情况通过发兴铜币（1/4 便士）得到了改善，这种铜币是由私人铸造的，最初的铸造者是约翰·哈灵顿勋爵（这就是第一种发兴铜币也被称为哈灵顿币的原因），它在公元 1662 年时才被国家采用。从公元 1649 年查理一世被处决后直到公元 1660 年君主制恢复的这段时间内，共和政体发行了共和国铸币，这种硬币的背面有两个并连在一起的盾牌图案，有点像一条及膝短裤，所以又被嘲讽地称为短裤钱。

随后在查理二世（公元 1660—1685 年在位）统治时期，英国的铸币发生了一些影响深远的转变。公元 1663 年，英国引入了畿尼 [95] 作为新的标准金币，此外，从公元 1662 年起，英国铜币（发兴和便士）上的币图都使用的是端坐的不列颠拟人女性肖像。自公元 1662 年以来，所有硬币都由机器制造，因此英国货币学家将英国的硬币历史细分为“锤打”时期（公元 1662 年前）和“压制”时期（公元 1662 年后）。直到公元 1813 年，拥有各种面值的畿尼（之所以这样称呼，是因为铸造该硬币的黄金来自非洲的几内亚）都一直是英国的主要金币，也是 18 世纪最重要的世界贸易硬币（重 8.47 克，含金量 7.77 克，公元 1670 年后为 8.387 克，含金量 7.688 克 等于 22 克拉，纯度 17/1000）。它最初的币值与英镑（20 先令）相当，由于市场波动，它的币值在公元 1717 年时变为了 21 先令，也成为英国实际上金本位制的基础。

公元 1816 年，金本位制正式得到了法律上的承认，并在公元 1821 年时明文保证了英镑可以完全兑换成黄金。这导致了畿尼被索维林币（7.99 克，含金量 7.32 克）[100] 所取代，它正好相当于价值 20 先令的英镑。自公元 1818 年起就在伦敦皇家造币厂担任首席雕刻师的贝内德托·皮斯特鲁奇（公元 1784—1855 年）为新索维林币设计的“圣乔治屠龙”像是最精美的现代硬币图像之一，该图像也出现在铸于公元 1818 至 1822 年价值 5 先令的克朗银币（皮斯特鲁奇克朗）[112] 上。

在第一次世界大战期间，各种金币都不再流通；公元 1925 年，金币又被重新启用；公元 1931 年，金币最终退出了流通市场。然而，皮斯特鲁奇索维林币仍然存在着，并且至今仍作为投资金币（正面币图有所变化）在皇家造币厂生产。从公元 1947 年开始，银币不再用价值波动的贵金属，而是用贱金属（黄铜与镍的合金，镍与青铜的合金）进行铸造。公元 1971 年，英国引入了十进制币制（1 磅 =100 新便士），它是欧洲最后一个引入十进制币制的国家。公元 1971 年 2 月 15 日是“十进制币制推行日”。为了满足不列颠和英联邦数百万枚新硬币的需求，英国在卡迪夫（威尔士）的兰特里森特建造了一座新的造币厂，它从公元 1968 年开始已逐步投入使用。

英国有一种特殊的硬币叫作复活钱（“复活节前的星期四”币）。在每个复活节前的星期四，君主会向穷人分发慈善钱币，所发的便士金额通常等同于君主在位的年数。最初的时候，分发的硬币通常是普通的银币，但是从公元 1660 年开始直到今天，英国已经有了专门为此铸造的价值 4 便士至 1 便士的硬币。

直到公元 19 世纪，由于有限的官方小额硬币数量，没有官方印记的私人铸币（代币）还总是作为官方硬币的补充而存在。

9. 斯堪的纳维亚半岛

瑞典的近代货币体系早在古斯塔夫·瓦萨（公元 1523—1560 年在位）统治时期就已经建立了：1 里克斯达勒 =4 马克 =32 欧尔 =64 欧图。在公元 16 世纪和 17 世纪初期，小额硬币急剧贬值，与之相比，里克斯达勒的币值则升高到了 38 马克。

因此，在古斯塔夫二世·阿道夫（公元 1611—1632 年在位）统治时期，人们试图用瑞典富藏的铜替代白银来铸造硬币，从而牟取利益。除了继续存在的里克斯达勒，瑞典还出现了另外两种用铜铸造而成的硬币，较重的一种采用了银币标准（银标），较轻的一种采用了铜币标准（铜标，欧尔），因此这三种货币的兑换比率为“1 里克斯达勒 =3 达勒铜币（银标）=9 达勒铜币（铜标）”。

公元 1644 年开始，瑞典发行了大型的铜板币，其币值最高达到 10 银标达勒（25 铜标达勒，重达 19.7 千克），每种铜板币上都会有相应的标记标注硬币的币值与银标及铜标情况。由于遭受北方国家俄罗斯的打击，在公元1715至1718年的战争期间，瑞典收回了银铸币并发行了价值1达勒（32欧尔）的小面额铜币，用于战争供给。官方用（铸在硬币上用以表示造币厂所在地的）硬币标记来称呼这种铜币，今天则以其创始人——查尔斯十二世的财务顾问乔治·海因里希·冯·施利茨（简称冯·戈尔茨）的名字命名它为戈尔茨应急达勒。这种应急硬币的尝试最终失败了，戈尔茨作为替罪羊于公元1719年被处决。公元1776年，瑞典放弃了铜板币，在一次货币改革后又重新启用了银币：1里克斯达勒=48斯基令，1斯基令=12伦斯蒂克。银标欧尔相当于1/4斯基令，铜标欧尔则相当于1/12斯基令。

丹麦在公元1537年时铸造了第一枚塔勒（里克斯达勒），晚些时候还铸造了马克硬币（1/3塔勒）和相应的小额硬币斯基令。公元1618年，丹麦出现了克朗，实际上的2/3塔勒，还出现了以斯基令为基础的第二个小额硬币链，因此当时铸造了超过150种不同币值的硬币。公元1625年，达勒和克朗在币值上进行了重新规划：1里克斯达勒=6马克=96斯基令，1克朗=4马克=64斯基令，1马克=16斯基令。克朗作为最重要的银币在公元1731年时被24斯基令币（= 1/4里克斯达勒）所取代。公元1813年国家破产后，丹麦引入了“1实物塔勒=2里格斯银行塔勒=192里格斯银行斯基令”的币制。

挪威在公元1814年以前归属于丹麦，其铸造的硬币与丹麦的硬币基本对应，只能通过挪威的象征物（狮子与斧头）进行区分。公元1873年时，瑞典和丹麦组建了货币同盟，挪威也于公元1875

年加入。同盟的通用货币是克朗，1 克朗等于 100 欧尔。这个货币同盟于公元 1924 年解散，但克朗和欧尔这两种硬币仍旧在三个国家中作为流通货币继续存在，并且自那时起，从 50 欧尔开始的小额硬币都在中心处设有一个圆孔。

芬兰在公元 1809 年之前一直属于瑞典，1809 年之后则属于俄罗斯。公元 1860 年时，芬兰引入了一种单独的货币单位：1 芬兰马克 =100 潘尼。芬兰马克相当于 1/4 卢布，自公元 1877 年以来，芬兰马克金币相当于拉丁货币联盟的法郎。冰岛在公元 1918 年时成为一个独立的王国，但保持着与丹麦的联盟关系：1 克朗 =100 欧尔（冰岛语为奥拉，单数为埃里尔）。

10. 波兰

公元 1526 年和 1578 年的硬币改革在波兰——包括普鲁士的大部分地区（所谓的普鲁士王国）、立陶宛和利沃尼亚（里加）——的近代钱币史中起到了决定性的作用。波兰的币制以 1 古尔登（兹罗提）等于 30 格罗申（格罗兹）为基础。金币方面以杜卡特为基础，银币方面则以塔勒为基础。截至公元 1648 年为止，杜卡特金币——包括它最高可达 100 倍的各种倍数币——和塔勒银币，达到了一个极为庞大的数目，普鲁士的但泽、埃尔宾和索恩等城市发行的硬币也计算在内。杜卡特最初价值 45 格罗申，塔勒则价值 30 格罗申。

小额硬币起自六格罗申币（绍斯塔克），止于三芬尼（特纳尔）、芬尼（狄纳里）和先令（索利多），在 16 世纪同样数量可观。公元 17 世纪时这些小额硬币的迅速贬值导致杜卡特金币和塔勒银币的汇率急剧上升。贬值最明显的硬币种类主要有挑拣时代的格罗申（德雷普克尔币），自公元 1659 年起发行的铜先令（博罗廷基币，得名自其创始者，意大利的造币厂主 T. L. 博罗迪尼）和自公元 1662 年起发行的 1/3 塔勒（泰姆普夫币得名自其创始者，即柯尼斯堡的造币厂主安德烈·泰姆普夫），这种 1/3 塔勒应该价值 30 格罗申，但实际上仅值 18 格罗申。在小额硬币雪崩般的大量贬值后，造币在公元 1687 年时被完全叫停。但是这一举措并没有使这个国家变得更好，因为在波兰缺乏硬币的情况下，神圣罗马帝国的劣币被牟利者故意送入了波兰，或者说，他们专门铸造了劣币直接出口到波兰。最著名的案例是七年战争时期萨克森－普鲁士的八格罗申硬币，这种硬币得名自它的主要生产方——普鲁士的造币厂租赁持有人维特尔·以法连，被称为以法连劣币。七年战争之后，波兰从公元 1765 年开始再次铸造自己的银币（塔勒、2 古尔登、古尔登、格罗申），但是它的铸币标准在公元 1787 年和 1794 年时再次降低。公元 1796 年，波兰的领土被肢解成三份，波兰这个国家从政治地图上消失了。在公元 1807 年建立的华沙大公国中，金币采用的是杜卡特，五种银币分别从塔勒（6 兹罗提）到 10 格罗兹，铜币则是 3 格罗兹和 1 格罗兹。公元 1832 年，俄属波兰（波兰会议王国）建立了一个基于 1 兹罗提等于 15 戈比的俄罗斯波兰币制体系，该体系中的硬币往往带有俄国双头鹰的币图，并以兹罗提、卢布或戈比为币值单位：面值为 50、25 和 20 兹罗提的金币；面值为 10 兹罗提至 5 格罗兹的纯银币或低成色银币；面值为 3 格罗兹和 1 格罗兹的铜币。第一次世界大战后，波兰再次独立，公元 1923 年时，该国建立了以 1 兹罗提等于 100 格罗兹为基础的货币制度。但择在公元 1919 至 1939 年间不属于波兰，它最初的货币是马克，从公元 1923 年开始使用价值为 100 芬尼的古尔登。

11. 匈牙利与东南欧

自公元 1526 年以来，匈牙利的王位一直由哈布斯堡家族的成员继承。匈牙利的硬币设计十分具有民族特色，但是其面额与奥地利硬币非常相似，奥地利的克莱采即匈牙利的克拉伊查尔，奥地利的赫勒即匈牙利的菲勒。由于本土金矿储量十分丰富，匈牙利铸造了大量的杜卡特金币 [83]。公元 1918 年，匈牙利开始作为一个独立国家而存在。公元 1925 年，潘戈成为它的国家货币。自公元 1946 年开始，匈牙利实行 1 福林等于 100 菲勒的币制基础。

特兰西瓦尼亚公国在公元 1526 至 1697 年间曾是奥斯曼帝国和哈布斯堡帝国之间的缓冲带，它因众多的大型金币而闻名。几乎在所有特兰西瓦尼亚亲王的统治时期都会定期铸造杜卡特十倍数币（葡萄牙罗塞），在最后一位亲王迈克尔·阿帕菲（公元 1661—1690 年在位）的统治下，甚至铸造出了杜卡特一百倍数币

（347 克黄金）。

在自中世纪晚期起就属于奥斯曼帝国的东南欧地区中，希腊（公元 1832 年以来为王国）于 1827 年成为独立国家，罗马尼亚（公元 1881 年以来为王国）于 1877 年成为独立国家，保加利亚于 1879 年、塞尔维亚于 1887 年、黑山于 1910 年、阿尔巴尼亚于 1912 年宣布独立，1925 年成立阿尔巴尼亚共和国。它们所使用的币制分别为：希腊是 1 德拉克马等于 100 雷普塔；罗马尼亚是 1 列伊等于 100 巴尼；保加利亚是 1 列弗等于 100 斯托丁基；塞尔维亚是 1 第纳尔等于 100 帕拉；黑山是 1 佩尔珀等于 100 帕拉；阿尔巴尼亚是 1 列克等于 100 昆塔，5 列克等于 1 弗兰卡阿里（自公元 1925 年起）。

公元 1918 年，塞尔维亚、黑山和多瑙河君主制国家的南部斯拉夫领土联合组成了塞尔维亚 – 克罗地亚 – 斯洛文尼亚王国，公元 1929 年定名为南斯拉夫王国，并沿用了塞尔维亚的货币制度（1 第纳尔 =100 帕拉）（今天属于前南斯拉夫的各个国家请参见书后的表格）。

12. 俄罗斯

直到公元 17 世纪末，俄罗斯的货币主要包括银条和不到 1 克的小银币，即登加和戈比（滴状戈比，丝状戈比，得名自它从银条上切下时的不规则形状）。卢布（来源于俄语 rubit’，意思是“切除”，取自使用货币时需对银条进行的分割行为）只是相当于 100 戈比的记账单位。直到 17 世纪 50 年代，第一批卢布才被铸造成大型银币，与此同时，从前被禁止的欧洲塔勒被标记为类卢布并允许在该国流通，即所谓的耶菲莫克（Jefimok，欧洲塔勒在俄罗斯的统称）[108]。

俄罗斯真正的近代硬币制度是在彼得大帝的统治下建立的，他在公元 1700 年时根据荷兰的阿尔伯特塔勒标尺（重 28.45 克，纯度为 850/1000）首次建立了 1 卢布等于 100 戈比的币制基础。直到公元 1915 年，所有的俄罗斯沙皇都铸造了卢布，这些卢布仅存在微小的改动 [114]。其他的银币种类还有巴尔提纳（1/2 卢布，50 戈比）、波卢巴尔提纳（1/4 卢布，25 戈比）和格里夫纳（10 戈比）。这些硬币会对面额进行标注——这在当时还是很罕见的。公元 1755 年，俄罗斯的币制体系中增加了价值 10 卢布和 5 卢布的金币（帝国铸币和 1/2 帝国铸币）。铜币直到公元 1867 年都是有价货币，也就是说，每普特（16.381 千克）铜币所铸造的戈比会根据白银的市场波动由沙皇敕令确定。俄罗斯在公元 1828 至 1844 年间发行了白金硬币（3、6、12 卢布），它是世界上唯一发行白金硬币的国家。公元 1917 年爆发的十月革命没有改变俄罗斯的硬币体系。公元 1923 年时，俄罗斯发行了 10 卢比金币（切尔沃涅茨），自公元 1924 年起则不再进行整卢布的铸造。公元 1961 年，俄罗斯对货币制度进行了调整（1 新卢布 =10 旧卢布），人们又重新开始铸造整卢布了。

13. 美洲

在欧洲的征服者和定居者出现之前，新大陆上不存在货币。美洲大地上的第一枚硬币是由西班牙人在公元 1535 年时带至墨西哥的。西班牙统治下的中美洲和南美洲——新卡斯蒂利亚（秘鲁）总督区，在公元 1717 年和 1778 年从中分离出北部的新格拉纳达总督区和东部的拉普拉塔总督区——以里亚尔银币为币制基础。其主要硬币是对应欧洲塔勒的 8 里亚尔币（25 克，皮阿斯特，八比索，八倍币）。直到公元 1732 年，这一系列印在不规则和不平整小银片上的硬币（马奎纳，块钱）看起来都十分粗陋 [115]。在欧洲，它们也被称为海运皮阿斯特，因为人们认为，这种硬币是由于技术上的不足而在越洋航行中被放到西班牙的运银船上的。公元 1732 年以来，以硬币图像上的大力神海格力斯与双柱命名的科洛纳托（双柱皮阿斯特、双柱银元、墨西哥元）[116] 在铸造技术和艺术设计上都十分讲究，在公元 1772 至 1825 年间，该硬币还出现了另一种半身像币图。这种硬币是南美洲各共和国的比索（西班牙语意为“重量”）[118] 和美元银币的原型。这里最重要的造币厂位于墨西哥城（自公元 1535 年起）、玻利维亚的波托西（自公元 1574 年起）和秘鲁的利马（自公元 1578/1580 年起）。尽管造币厂中铸造出了大量硬币，但它们几乎全部流向了欧洲或亚洲，只有很小一部分硬币留在了这片大陆。

从公元 1693 年在当地发现金矿以来，发行自公元 1675 年并广泛流通于各西班牙领土的金币（埃斯库多，3.38 克）地位直线下降，与之相反，葡属巴西的金币变得越来越重要。最著名的金币类型是公元1722年至1835年间铸造的约奥（约翰尼斯、约）或皮卡（6400里斯，含金量13.148克）。这一时期，铜币还未开始进行铸造。

公元1810年，南美洲爆发了独立战争。在战争时期和新国家成立的头几十年中，各国基本上都保留了西班牙与葡萄牙的硬币制度。这一时期，戳记在旧的西班牙硬币上频繁出现。由于比索在自公元19世纪中叶以来被普遍接受的十进制币制中等于100分，所以8里亚尔币成为大多数南美国家的铸币基础。比索在秘鲁被称为索尔，在玻利维亚被称为玻利维亚诺，在委内瑞拉被称为委内瑞拉诺博利瓦，在厄瓜多尔则被称为苏克雷，这样的命名是为了向独立战争中的两位英雄西蒙·博利瓦（公元1783—1830年）和安东尼奥·约瑟·德·苏克雷（公元1795—1830年）致以敬意。自公元1881年以来，博利瓦在委内瑞拉也以金币形式出现（1博利瓦=20委内瑞拉诺）。在金币方面，阿根廷有阿根廷诺（8克，自公元1881年起），秘鲁有对应英镑的里布拉（自公元1898年起），智利和厄瓜多尔有埃斯库多（1埃斯库多=2比索，分别自公元1818和1836年起）和神鹰（1神鹰=10比索，自1851年起；也在哥伦比亚使用）。公元1822年，巴西脱离葡萄牙宣告独立建立了巴西帝国，公元1889年，巴西建立了共和国，它采用了金皮卡（1金皮卡=6400里斯）作为货币。自从公元1833年的币制十进制化（1密尔雷斯=1000里斯）以来，高于5000里斯的币值都被铸造成金币。

由于奥地利的马克西米利安（公元1864—1867年在位）对墨西哥的短暂统治所带来的政治混乱和众多地方硬币的大量发行，墨西哥的货币自公元1810年以来可以说是五花八门，但基本上仍处于银币（8里亚尔=1比索，自公元1863年起，1比索=100分）和金币（1埃斯库多=2比索）的普遍价值范围内。除此之外，墨西哥还存在许多替代钱币的庄园代用币。

北美最早的硬币是公元1652年在马萨诸塞州铸造的所谓的波士顿先令或海湾先令，因为这种硬币的币图上有一棵树，根据树的种类不同它也被称为松树先令、橡树先令或柳树先令。美国的钱币史始于公元1775年，拉开钱币史序幕的并非硬币，而是用于筹集独立战争资金的纸币——大陆通货币。它是“西班牙式美元”，即西班牙－美国式机铸8里亚尔币（皮阿斯特）。公元1780年时，它实际上已经一文不值，但它确立了美元（源自德国塔勒）在美国货币中的地位。公元1776年，起义者们计划发行一种象征13个殖民地的团结、币文为“我们是一体（We are one）”的硬币，但该硬币只存在于稿图中，并未被最终铸成实物。自公元1785年以来，美国的各个州都发行了无面额标识的铜币。公元1792年，《货币法》规定了硬币的币值有美元、十美分币和美分（1美元=10十美分币=100美分）以及价值10美元的金币（鹰币）。费城的新造币厂于公元1793年铸造出了第一枚美分硬币，于公元1794年铸造出了第一枚美元硬币（含银量24.056克）。公元1794年的飘发美元[119]，得名自硬币正面币图上描绘的“飘发”式自由女神像，目前以超过1000万美元的高阶保持着世界上最贵硬币的纪录。第一枚鹰币[120]铸造于公元1795年（16.037克黄金，自1837年以来改为15.046克）。直到公元1857年之前，西班牙美国式皮阿斯特都一直属于合法的货币。

与欧洲不同，造币厂在美国并未被认为是国家专属，因此私人造币厂在公元 19 世纪时也很活跃，尤其是自 1830 年加利福尼亚淘金热开始以来。私人造币厂铸造了从 1 到 50 美元的金币。自公元 1850 年以来由国家铸造的最大金币是 20 美元（双鹰币）。从公元 1834 年开始，白银价格的下跌给美国带来了金银复本位币制，也就是随固定的金银价值比波动的货币。美国在公元 1873 至 1878 年间铸造了所谓的贸易银元（含 24.494 克白银），在公元 1878 年的《布兰德–埃勒森法案》中则规定每月铸造 200 万至 400 万美元的银币（公元 1878—1904 年，所谓的布兰德银元或摩根银元）。公元 1896 年，美国总统大选陷入金银本位之争，金本位制的代表威廉•麦金利最终获胜，公元 1900 年颁布的《金本位法》以金币的胜利为这场争端画上了一个句号（1 美元 =1.505 克黄金）。公元 1933 年 4 月 19 日，美元贬值了近一半，这导致货币交易中的金币最终被淘汰，私人不再允许拥有金币（更多信息请参见第四章现代硬币）。

在法国统治时期，法国只为加拿大生产了零星的铜币，第一次是在公元 1670 年（15 索尔和 5 索尔），最后一次是在公元 1722 年。此外，流通的货币还有天然钱币、法式硬币、西班牙美国式硬币和剪裁的纸片（纸片上有手工标记的小面额）以及法国的纸币。当英国于公元 1763 年取代了法国的统治时，加拿大货币的变化不大。只有在公元 1858 年引入了美元和美国模式的十进制币制之后，英国才开始生产用于加拿大的特殊硬币，自公元 1865 年以来也生产金币。直到公元 1908 年，加拿大才在渥太华开设了第一家自己的造币厂。

14. 非洲

除了北部（埃及、埃塞俄比亚、马格里布诸国）以外，非洲直到公元 19 世纪的殖民时期才开始大量使用硬币。在此之前，这些地区主要使用不同类型的天然钱币。经过马格里布出口到欧洲的非洲黄金对于中世纪和近代早期的欧洲造币十分重要。

埃及从公元 1517 年开始就是奥斯曼帝国的一部分，硬币上的阿拉伯铭文“埃及”将它与其他奥斯曼硬币区分开来 [128]。自公元 1835 年以来，这些硬币更换为机器铸造的新硬币：1 皮阿斯特（格希、齐尔什）= 40 帕拉。公元 1885 年引入了金币标准：1 埃及镑（8.5 克，成色为 875/100）=100 皮阿斯特 = 4000 帕拉。20 皮阿斯特币（28 克）对应于仍在广泛使用的玛丽娅·特蕾莎塔勒，是当时最大的银币。公元 1917 年，埃及采用了十进制币制：1 埃及镑 = 100 皮阿斯特 = 1000 米利姆。公元 1914 年，埃及成为英国的一个保护国。公元 1922 年，埃及王国建立，这两者的硬币都在英国铸造。在马格里布诸国的利比亚、突尼斯、阿尔及利亚和摩洛哥，奥斯曼帝国的硬币一直在近代占主导地位，直到公元 19 世纪时，这些地区的硬币才按照法国模式被欧洲化。

除了埃及和马格里布之外，现在的埃塞俄比亚也有较为古老的造币传统。早在公元前 1 世纪存在至公元 7 世纪的阿克苏姆王朝（该王朝自公元 330 年以来信奉基督教）就铸造有金币、银币和小额铜币 [122]。埃塞俄比亚（阿比西尼亚）也是自 19 世纪以来第二次非洲铸币时代中唯一保持货币独立的国家 [123]。奥地利的玛丽娅·特蕾莎塔勒成为它的国家货币 [109]。即使在意大利和英国的统治下，它也没有被取代，并且能够与公元 1945 年引入的埃塞俄比亚元长期共存。公元 19 世纪和 20 世纪时，在英国、法国、葡萄牙、比利时、德国的非洲殖民地和未直接殖民但由欧洲统治的非洲国家中，流通的货币都是由欧洲人提供的，这些货币与非洲现有的传统挂钩，例如东非的印度卢比 [124]。

15. 近东与中东

到了公元 1797 年时，统治中东和近东地区的伊斯兰王朝减少到了三个：阿富汗的杜兰尼王朝、伊朗的卡贾尔王朝和领土最广的奥斯曼帝国。

在奥斯曼土耳其帝国，一直到公元 17 世纪初，阿克都是帝国唯一的小巧轻便的银币(大约公元1600年时只有13毫米和0.35克)。从大约公元 1623 年开始出现了新的小型银币帕拉（土耳其语意为“白银”；1.10 克），但阿克也仍然继续流通。帕拉银币的价值稳步下降，公元 1687 年时出现了价值 40 帕拉（120 阿克）的大银币，即库鲁斯（土耳其语的格罗申），它在欧洲被称为皮阿斯特（最初为 19 克，公元 1719 年增加到 26 克）[127]。皮阿斯特有许多倍数币，范围从 5 帕拉到 100 帕拉。同样地，皮阿斯特的价值也开始下降。公元 1810 年时，它下降到了 4.65 克，帕拉则下降到了 0.22 克。

由于本土银币的不断贬值，欧洲的塔勒硬币，特别是奥地利的玛丽娅·特蕾莎塔勒尤其受到欢迎，并在奥斯曼帝国广泛流通。卡尔·梅的读者一定知道，即使是卡拉·本·内姆西向他忠诚的教徒哈勒夫·奥马尔支付钱款时用的也是玛丽娅·特蕾莎塔勒。在金币方面，公元1711年的阿尔通金币（冯杜克阿尔通、冯杜克利、艾什拉菲；3.43克）[125]是一种轻型硬币，此外还有泽尔马布（土耳其语意为“卓越的金币”；2.59克）[126]，其他的小型金币则在公元1822年时被搁置一旁。公元1844年，帝国推行了一场币制改革，将机铸币在1皮阿斯特等于40帕拉的基础上划分为币值等级分明的铜币、银币和金币，币值范围从1帕拉到500皮阿斯特。第一次世界大战后，1土耳其镑/土耳其里拉等于100库鲁斯成为新的货币基础。建立于公元1924年的土耳其共和国在公元1934年时将硬币的外观欧洲化了。硬币上的铭文不再采用阿拉伯文手写体，凯末尔·阿塔图尔克的肖像取代了传统的图格拉。图格拉指的是乍一看极为相似的笔画交织的苏丹名字艺术签名，它自公元1703年以来一直是奥斯曼帝国硬币的典型币图。从公元1981年开始，土耳其的铸币不再以库鲁斯为面额，而是换成了里拉。

从奥斯曼帝国中独立出了埃及、叙利亚、黎巴嫩和伊拉克这几个国家。叙利亚和黎巴嫩沿用了土耳其磅－皮阿斯特的硬币标准（首枚硬币分别诞生于公元1921年和1924年），伊拉克则采用了第纳尔（1第纳尔=5里亚尔=20迪拉姆=1000费尔斯）作为国家货币（首枚硬币铸于公元1931年）。巴勒斯坦是英国的托管地（首枚硬币铸于公元1927年），公元1946年和1948年时，约旦和以色列分别脱离巴勒斯坦宣告独立。在阿拉伯海湾国家中，沙特阿拉伯、也门、阿曼和科威特在公元 19 世纪和 20 世纪初进行了零星的铸币活动——部分硬币铸造于英国的保护国统治时期。

在波斯（伊朗和阿富汗），萨菲王朝的什叶派于公元 1501 年时上台，并于公元 1722 年被入侵的阿富汗人推翻。从公元 1747 年开始，阿富汗陷入了长期的分裂局面，伊朗则在公元 1794 至 1925 年间由卡扎尔王朝统治，德黑兰是它的首都。在第一位“沙阿”伊斯玛仪一世（公元 1501—1524 年在位）统治时期，金币和银币是以米特卡尔（4.6 克）为重量单位计算的，存在着无具体名称的各种不同币值：较少铸造的 1 米特卡尔金币（通常被称为艾什拉菲）和面值更小但广泛铸造的 1 至 4 米特卡尔银币（通常被称为沙希 / 沙里斯）。除此之外，流通的货币还有小型的浮雕银条（拉里，得名自其产地法尔斯省拉尔；2½沙希），外国商人必须使用这些银条。银币的重量一如既往地呈下降趋势，因此，在沙阿阿巴斯一世（公元 1587—1629 年在位）统治时期，一种等于 4 沙希的新银币（阿巴西；7.7 克）最为常见。纳迪尔·沙（公元 1736—1747 年在位）统治时期引入了卢比（纳迪利；11.53 克）[129]，这种硬币相当于 2½ 阿巴西或 500 第纳尔。此外，大量的地方铜币（普尔）也在市场上流通。在卡扎尔王朝第一位统治者法斯·阿里的统治下，伊朗的币制得到了重新规划：公元 1799 至 1826 年间，主要的银币是里亚尔（1 里亚尔 =1250 第纳尔，10.46 克），从公元 1826 年开始，主要的银币变为克朗（1 克朗 =1000 第纳尔，约 7 克），与此同时，之前只是一个计量值的托曼（鞑靼语意为“一万”）作为新的金币（1

托曼 =10 克朗 =1 万第纳尔）被纳入了币制体系。在 40 多个铸币厂中，所有铸币厂的硬币都是采用相同的图像铸造而成的，并且首次以统治者的肖像为币图。从公元 1876 年开始，硬币按照西方模式采用了机器铸造，伊朗的象征物成为币图的主要设计（狮子举着剑在太阳之前迈步）[130]。公元 1931 年时，伊朗引入了十进制币制（银币：1 里亚尔 =100 第纳尔，金币：1 巴拉维 =100 里亚尔）。

在阿富汗，从公元 1747 年开始，仿照印度硬币原型铸造的卢比成为主要的银币。在此之外还存在着大量的地方铜币。公元 1891 年，阿富汗的铸币开始向西方的机器铸造模式转变，硬币变得更加标准：1 卢布 =2 凯兰 =3 阿巴西 =6 塞纳 =12 沙希 =60 派沙，30 卢比 =1 提拉。币值为派沙和沙希的是铜币，币值为卢比的是银币，币值为提拉的是金币。公元 1925 年，阿富汗引入了十进制币制：1 阿富汗尼 / 阿曼尼（磅）=100 普尔。

[第五章]

远东的硬币

1. 印度

印度具有丰富、多样、独立的铸币传统，这种传统可以追溯到公元前5—公元前4世纪，它曾吸纳了包括希腊、罗马和伊斯兰铸币文化的诸多特征并以自己的方式加以糅合。只有拥有历史和语言方面的专门知识背景，人们才能够对这段传统进行深入的解读，因此，这里仅对这段历史做一些基础性的介绍。阿富汗（巴克特里亚）、巴基斯坦（甘达拉）、孟加拉国、尼泊尔、不丹和斯里兰卡（锡兰）也在一定程度上是谱写印度铸币史的一分子。

印度最早的硬币是带有各种小型戳印记号的银条，可以追溯到公元前4世纪中叶。从亚历山大大帝（公元前325年）入侵以来，希腊的影响在印度蔓延开来。在孔雀王朝（公元前320—前185年）统治时期出现了经过浇铸的方形铜币。公元100年前后，在巴克特里亚和甘达拉的贵霜帝国统治下出现了金币[131]，它在笈多王朝时期得到了继续发展。

公元6世纪初，匈奴人（白匈奴人、嚈哒人、艾肯人）的入侵导致了笈多王朝的衰落以及接下来500年政治上的分裂和铸币活动的低迷。伊斯兰在印度的统治始于公元11世纪，在德里苏丹国（公元1206—1526年）和莫卧儿帝国（公元1526—1857年）时期达到了巅峰，这一时期的印度铸币有着明显的伊斯兰特征，大量的金币、银币和铜币上都出现了阿拉伯语铭文。

在伊勒杜迷施（公元1211—1236年在位）统治下，引入的硬币唐卡斯在舍尔·沙（公元1538—1545年在位）和阿克巴（公元1556—1605年在位）的统治下变为了卢比（梵语为rupya，意为锻造过的白银；标准重量11.54克，成色970/1000）。公元1562/1563年，在阿克巴统治时期又引入了一种新的金币（莫赫尔、莫哈尔，波斯语意为“印章”；11.02克，成色为975—1000/1000）。它的价值为9至16卢比，具体取决于贵金属汇率和硬币重量。莫卧儿铸币中最著名的是在贾汉吉尔（公元1605—1628年在位）统治时期铸造的带有黄道十二宫符号的莫赫尔和卢比（黄道图币）[132]。

除了莫卧儿王朝的统治者以外，许多其他的印度君主也铸造了自己的卢比，因此在公元19世纪初有数百种卢比硬币同时流通。在这些硬币中，苏拉卢比和阿科特卢比是除了莫卧儿的西卡卢比以外最重要的卢比。英国的东印度公司也发行了卢比。从公元1717年开始，东印度公司就获得了莫卧儿王朝的允许，以它的名义铸造硬币，这一铸币活动一直持续到公元1833年。在既没有受到莫卧儿王朝的统治，也没有受到伊斯兰影响的印度南部地区，硬币的图像更为多样，但由于这些硬币大多没有铭刻文字，因此很难在空间和时间上对它们进行分类。这里最主要的金币是宝塔币，它相当于一颗马鲁古豆（3.368 克）的重量，这种金币可能早在公元 9 世纪时就已经出现了，它的名称与建筑物无关，或许可以追溯到婆伽婆底。在英国统治时期出现了银币种类的宝塔币时，宝塔才作为硬币的图像出现。从公元 17 世纪开始，宝塔币的币值一直处在波动中，主要在 42 法南（fanam）上下。法南（来源于印地语 panam，意思约为“一把”）最初只是一种很小的金币（0.3—0.4 克），自公元 16 世纪以来，它也作为一种银币存在。公元 1807 年，英国东印度公司将机器铸造的硬币以铜币（小铜钱）、银币（法南、宝塔币）和金币（宝塔币）的形式引入了印度南部地区。

公元 1835 年，英国东印度公司在其所有管辖地区引入了一种新的由金币（莫赫尔）[133]、银币（卢比）和铜币（安娜、派司）组成的英式硬币体系：1 卢比 =16 安娜 =64 派司（派沙）=192 派，15 卢比 =1 莫赫尔。公元 1857/1858 年爆发的印度兵变之后，东印度公司被解散了，印度直接置于英国王室的管辖之下。公元 1877 年时，维多利亚女王加冕为印度女皇。公元 1858 年之前仍然存在的 100 多种印度地方铸币只有少数几种持续到了 20 世纪。独立后的印度在公元 1945 年后仍然保留了旧的货币制度（1 卢比 = 64 派沙），并在公元 1957 年时将其调整为十进制币制（1 卢比 = 100 新派沙）。

2. 东南亚

越南直到公元 19 世纪时都主要使用中国钱币和仿照中国钱币图样、材质为贱金属的本地硬币。公元 1832 年时，越南首次铸造了西式的圆形银币，其中拥有最大币值的硬币（币图为一条龙）是东亚最早正式发行的银元。在法国的殖民统治下，越南的硬币制度从公元 1879 年开始就与法国保持步调一致（1 皮阿斯特 =100 分，公元 1946 年越南独立后改为 1 盾等于 100 苏）。在东南亚的其他地区，早期的造币阶段（公元 7 至 14 世纪）以进口和仿制印度和中国硬币为特征，随后则是一段很大程度上没有造币、只有金银铸块和其他形式货币的时期（马来西亚例外）。按照标准化重量发行的暹罗圆球状银币（蒂卡尔，实际上是泰铢）据说最早可以追溯到公元 14 世纪。这种用瓷器制成的带有汉字的泰国“硬币”其实并非硬币，而是赌博筹码，即使它们被当作零钱使用。

自公元 17 世纪以来，由于存在贸易关系，东南亚的人们认识并使用了欧洲硬币。西班牙人于公元 1572 年在菲律宾马尼拉成立了分公司，英国东印度公司于公元 1600 年成立，最重要的荷兰东印度公司于公元 1602 年成立，这些公司都起到了开拓性的作用 [136]。随着公元 19 世纪殖民主义的扩张，各殖民地当地也铸造了欧式硬币，时间分别为：缅甸 1852 年，文莱 1887 年，中国香港 1863 年；印度尼西亚 1644 年（位于巴达维亚 / 雅加达的荷兰东印度公司，[136]）；柬埔寨 1850 年，马来西亚 1787 年（英国东印度公司），菲律宾 1861 年，新加坡 1845 年，泰国（暹罗）1860 年。

3. 中国

直到公元 19 世纪和 20 世纪，欧式硬币才在远东地区普遍流通。在此之前，它们仅以浇铸的形式出现，并且几乎完全由贱金属铸造，仅具有极低的价值。由于这种小额钱币在功能上受到限制——金额较大时立马会出现运输上的不便——贵金属锭与纸币（尤其是纸币）从很早开始就受到了人们的青睐。

据记载，中国最早的货币形式是公元前 6 世纪的所谓工具形铸币，也就是用青铜铸造的袖珍铲、刀与贝壳等。公元前 3 世纪时，这些不规则形状的硬币被中间有一个方孔的圆形青铜铸币所取代。这种中国钱币在欧洲被称为“käsch”（这个词很可能并非来自英文的 cash，而是来自梵文的 karsha，公元 16 世纪以来中国硬币在爪哇岛的通用名称）[134]。这种硬币的中央是一个方形孔，周围有四个字符，它不仅发行量非常大，而且存在时间也非常久，一直在中国使用了 2000 多年，直到 20 世纪才走向没落。在硬币的四个字符中，两个表示硬币的面额，另外两个表示硬币的铸造时间。孔方圆钱具有不同的重量和大小，但统统仅代表“零钱”。硬币中间存在的方孔是为了方便人们将硬币穿到绳索或杆子上，从而变成拥有较大价值的一串钱币。由于简单的设计和铸造工艺，孔方圆钱很容易伪造，许多带有铭文的硬币看似很古老，实际上是直到 20 世纪或 21 世纪时才制成的。由于孔方圆钱的面值较低，自 16 世纪以来，最初来自日本、后来来自欧洲的白银在大额付款交易中起到了很大作用。来自欧洲的银币大多在融化后制成银锭，其中一部分也在加盖汉字戳记后直接流入市场[135]。从公元19世纪中叶开始，中国开始铸造零星的西式银元和（面值为5、10、20、50的）分币，从公元1889/1895年开始，银元的铸造变得更加频繁，在公元1912年中华民国成立后，银元最终普遍流通。所谓的龙币及其分币在币面上用汉字和英文铭刻了其发源地（省份）和面额（重量），范围从7钱2分（1银元）到3.6分（5西洋分）。1钱等于10分或3.778克。公元1955年，中华人民共和国引入了面额为1、2、5分的铝铸币（100分=10角=1元），公元1980年起才又增加了1、2、5角和1元的硬币面额。

4. 日本与韩国

在日本，硬币直到公元17世纪时都无足轻重，并且大多从中国进口。即使是后来铸造的青铜币，也仿照了中国模板。日本有一种独特的钱币被称为大判（小判、判金，日语意为“金币”），是一种带有印记和墨水铭文的椭圆形扁平大金片，它的重量和成色屡有降低（最初重165克，成色为750/100），发行于大约公元1592年至1860年间，价值可达10两（1两=4分=16朱=4000文）。单位为分和朱的硬币均为矩形状的金币和银币（朱银），单位为文的硬币则是由铜铸造而成的。成立于公元1868年的日本帝国于1870年时引入了一种以美元为导向的新币制：1日元=100钱

=1000 厘。公元 874 年至 1877 年，日本出于对外贸易的目的铸造了贸易美元。为了使生产的新硬币符合欧洲标准，日本在大阪设立了一个单独的铸币工厂，并配备了英国的机器。第二次世界大战之后，原先等于美元的日元 [137] 汇率大幅下跌，以至于今天的一日元币成为可与欧分媲美的最小日本硬币。

直到公元 19 世纪末期，从中国进口的硬币和仿照中国模板铸造的青铜硬币（最早铸造于公元 996 年）仍在韩国占主导地位。韩国的第一枚银币（钱）铸造于公元 1882 年，公元 1892/1893 年时，韩国仿照日本模式对币制体系进行了现代化的调整：1 圜 =5 两 =500 分，从公元 1907 年开始则是：1 圆 =500 仙（cent）。朝鲜半岛自公元 1945 年以来一直处于分裂状态，朝鲜（1948 年后为朝鲜民主主义人民共和国）在公元 1959 年时参照中国模式引入了以钱为面值（1 圆 =100 钱）的铝制硬币，韩国（1948 年后为大韩民国）则在公元 1959 年时引入了以圜为面值的硬币，并在公元 1966 年用圆（1 圆 =10 圜）取代了圜。

[第六章]

现代硬币

1.20 世纪的硬币

尽管自公元 1945 年以来，硬币在货币交易中仅扮演了次要角色，然而与 19 世纪相比，硬币的种类却几乎增加了一倍。这一方面是由于民族国家的数量增加——非洲、亚洲以及大洋洲的部分地区在殖民时期之后才进入造币时代，另一方面则是由于大量收藏币（纪念币）[145—146] 的出现，尤其是自 20 世纪后半叶以来，这些硬币从不在付款时出现，而是自诞生起就是为了被收纳于收藏簿中。

第一次世界大战之后，欧洲的金本位制崩溃了，第二次世界大战则导致世界上其他国家的金本位制也相继崩溃。公元 1971 年，坚持到最后的美国最终也正式废除了美元的金本位制。

第一次世界大战后，金币仅以贸易货币的形式出现，在过去的几十年中，还出现了所谓的投资硬币 [147—151]。金币在付款交易中已经不再存在。银币则经历了比金币更长的虚弱历程。尽管只是包含在那些含银量不是很高的流通硬币中，银币在两次世界大战期间仍然非常常见，自公元 1945 年以来，它逐渐从付款交易中消失，并且在公元 1965 年白银价格上涨之后，银币几乎完全不再使用。银币以国家纪念币的形式坚持得更久。国家纪念币在世界大战期间还十分罕见，自 20 世纪 60 年代开始逐渐普及，在 20 世纪末时则几乎达到了通货膨胀的程度。直到 21 世纪白银的价格几乎达到了这些硬币的面额时，它才从纪念币中消失，或者采用更高的面额。当前，我们存在一个钱币上的“两层社会”：一层是萎缩的流通硬币，一层是持续增加的纪念币和投资硬币。

纪念币不用于货币交易（尽管所有硬币都允许正式流通），而是代表了国家层面上购买力的纯粹过滤。近年来，人们用硬币奖章这个概念来描述类收藏币、仿币或伪硬币，尽管这个概念本身并不符合逻辑，但非常符合事实情况。时至今日，人们日常生活中只维持着对流通货币（硬币）的最低需求，甚至只有在使用自动售货机时才会想到硬币。硬币的重量令人感到麻烦，1 美元纸币一直比 1 美元硬币更受欢迎着实并非偶然。流通硬币的铸造越来越不受重视，因此，它们也变得越来越不美观。一个典型的例子就是欧元硬币那糟糕的工艺标准，与从前的德国马克相比可谓天壤之别。如今，几乎没有一种流通硬币能给人带来这样的印象：当硬币握在手中时，就像握住了“价值”。

纪念币的铸造会更加精心，因为它们的受众主要是钱币收藏者。一开始，人们会用心挑选铸造纪念币的时机，铸造活动也往往由国家牵头。但是当纪念币被证明对国家来说是一件好事时，由于它们几乎全部流入了收藏者之手且没有扰乱交易市场，发行纪念币的动机就变得越来越多样、越来越随意，单一批次的纪念币数量也有所增加。如今，国际上纪念币和特殊硬币的泛滥已经难以控制，相应的硬币收藏名录宛如一本又厚又重的电话簿。例如，东德自公元1966年以来就发行了120种纪念币，而西德自公元1952年以来也发行了56种纪念币。公元1990年两德统一后，德国的纪念币计划继续进行，在2001年德国马克时代结束时已发行了30种纪念币，在50年的时间里（公元1952—2001年），德国一共发行了206种纪念币。奥地利在1955年至2001年间发行了176种纪念币（不包括投资金币和币值低于25先令的硬币）。一些国家（例如法国）发行的纪念币数目已经超过了这个数字，但是大多数国家仍然保持谨慎。自公元21世纪初以来，几乎没有哪个国家能面对纪念币的潮流而无动于衷。自那以来，全世界的纪念币遍地开花，几乎与邮票的发行速率一样。一些小国家包括几乎无人居住的岛屿为了产生国家收入而推行了夸张的铸币计划，这种计划与货币交易无关，实际上表现在伪造币和硬币奖章上。

自从公元1998年以来，所有的商品标价与付款都以欧元为单位后，欧元硬币在公元2002年1月1日时正式取代了欧盟12个国家原先的国家货币。到了公元2015年时，更多的国家加入了欧盟，以下23个国家和地区目前使用欧元硬币：安道尔（自2014年起）、比利时、德国、爱沙尼亚（自2011年起）、芬兰、法国、希腊、爱尔兰、意大利、拉脱维亚（自2014年起）、立陶宛（自2015年起）、卢森堡、马耳他（自2008年起）、摩纳哥、荷兰、奥地利、葡萄牙、圣马力诺、斯洛伐克（自2009年起）、斯洛文尼亚（自2007年起）、西班牙、梵蒂冈和塞浦路斯（自 2008 年起）。拥有统一正面币图的欧元包含 8 种面值：2 欧元、1 欧元、50 欧分、20 欧分、10 欧分、5 欧分、2 欧分、1 欧分，这些硬币都可在整个欧元区流通。几乎所有的欧元区国家都发行面值为 5 欧元及以上的特殊硬币，这些货币仅在发行国流通，或者作为拥有虚拟申报价值的金币并属于投资硬币行列。

投资金币 [148—151] 是由纯金制成的硬币（少数情况下采用几内亚黄金，成色为 9176.33/1000），这种硬币的货币价值明显低于其金属价值，即使金价急剧下跌，它的货币价值也始终保持在金属价值之下。就这方面而言，它们不能算真正的硬币，而仅仅是以硬币形式铸造的金条。一盎司纯金 (31.1 克) 制成的硬币尤其受人欢迎。公元 1944 年，在美国布雷顿森林举行的国际货币会议上，每盎司纯金的价格被固定在 35 美元。公元 1971 年，美元的黄金储备崩溃，该体系宣告结束。从那以后，金价一直稳定上涨，它在 1973 年时首次超过了 100 美元，在 2008 年货币危机后首次超过了 1000 美元。在这之后它就一直稳定在这个水平。与此同时，中央银行和证券交易所发出的信号也导致每日金价更剧烈地上下波动。

公元 1967 年，南非共和国发行了一种印有布尔人总统保罗·克留格尔（公元 1825—1904 年）名字的金币，被称为克留格尔金币 [148]，金币含有一盎司的纯金（重 33.93 克，成色为 917/1000，含金量 31.10 克）。“克留格尔金币”很快流行开来，其他各国也纷纷效仿，发行了含有一盎司纯金的硬币。最著名的有（按时间先后顺序）：1979 年加拿大（50 美元，枫叶纪念币）[149]，1982 年中国（100 元，熊猫纪念币）[150]，1986 年澳大利亚（100 美元，金块 / 袋鼠纪念币），1986 年美国（50 美元，美国之鹰纪念币），1987 年英国（100 磅，不列颠女神纪念币），1989 年奥地利（2000 先令，维也纳爱乐乐团纪念币）[151]，1990 年新加坡（100 美元，狮子头像纪念币）。德国仅在公元 2002 年引入欧元时才以硬币形式发行了一次一盎司金币（币值为 200 欧元）[147]，其余情况皆限制在半盎司和 ⅛ 盎司（100 或 25 欧元）。在造币厂的国际竞争中还出现了 5、10、20、100 盎司甚至更高盎司的大块头金币。当前的纪录保持者是：

——奥地利在公元 2004 年发行的“大菲尔”，含 31 千克黄金（1000 盎司），面值 10 万欧元；

——加拿大在公元 2007 年发行的“大枫叶”，含 100 千克黄金，面值 100 万加元；

——澳大利亚在公元 2012 年发行的“袋鼠怪物”，含 1000 千克黄金，面值 100 万澳元。

投资硬币中也存在以盎司重量为标准的银币，但与金币相比，它的作用并不大，俄罗斯和中国发行的铂金硬币也属于同样的情况。

2. 当今世界的硬币概述

下表列出了当今世界各个国家的货币及货币开始发行的年份，

并且说明了该国除了流通硬币之外，是否还发行了纪念币和金币。

下列小型国家（国土面积少于1万平方千米或居民少于50万人的国家）及地区不包括在内：安道尔、百慕大、文莱、库克群岛、库拉索岛、福克兰群岛、斐济群岛、直布罗陀、海峡群岛根西岛和泽西岛、美属维尔京群岛、英属维尔京群岛、开曼群岛、中国澳门、马尔代夫、马恩岛、马绍尔群岛、瑙鲁/快乐岛、纽埃/萨维奇岛、帕劳、皮特凯恩群岛、圣赫勒拿岛、所罗门群岛、萨摩亚、圣马力诺、圣多美和普林西比、塞舌尔、索马里兰、南乔治亚岛和南桑威奇群岛、苏里南、托克劳群岛、汤加/友爱群岛、德涅斯特河沿岸共和国、特里斯坦达库尼亚群岛、查戈斯群岛、特克斯和凯科斯群岛、图瓦卢、瓦努阿图/新赫布里底群岛、梵蒂冈。

国家和地区	货币	始自	货币面额	纪念币	金币
阿富汗	阿富汗尼	1927	100普尔	是	否
埃及	埃及镑	1936	100皮阿斯特=1000米利姆	是	是
阿尔巴尼亚	列克	1965	100昆塔	是	是
阿尔及利亚	阿尔及利亚第纳尔	1964	100生丁	是	是
安哥拉	宽扎	1977	100勒韦，自1999年起为100分	是	是
阿拉伯联合酋长国	阿联酋迪拉姆	1973	100费尔斯	是	是
阿根廷	阿根廷比索	1882	100分	是	是

（续表）

国家和地区	货币	始自	货币面额	纪念币	金币
亚美尼亚	德拉姆（德拉克马）	1993	100 卢马	是	是
阿塞拜疆	阿塞拜疆马纳特	1992	100 戈比	是	是
埃塞俄比亚	比尔 / 埃塞俄比亚元	1945	10 生丁（分）	是	是
澳大利亚	澳元	1966	100 分	是	是
巴哈马	巴哈马元 = 美元	1966	100 分	是	是
巴林	巴林第纳尔	1965	1000 费尔斯	是	否
孟加拉	塔卡（卢比）	1971	100 波依夏 （派沙）	是	否
巴巴多斯	巴巴多斯元（1/2 美元）	1973	100 分	是	是
比利时	比利时法郎，自 2002 年起使用欧元	1830	100 生丁	是	是
贝宁（达荷美）	法郎	1960	100 生丁	是	是
不丹	努尔特鲁姆（相当于印度卢比）	1910	64 派沙，自 1957 年起为 100 派沙	是	是
玻利维亚	玻利维亚诺（1963 年 — 1987 年为玻利维亚比索）		100 分 10 玻利维亚诺 = 1 博利瓦（1962 年起）	是	是
波斯尼亚和黑塞哥维那	可兑换马克（相当于德国马克）	1998	100 可兑换芬尼	是	是

（续表）

国家和地区	货币	始自	货币面额	纪念币	金币
博茨瓦纳	普拉	1976	100 瑟比	是	是
巴西	雷亚尔	1994	100 分	是	否
保加利亚	列弗	1997	100 斯托丁基	是	是
布隆迪	法郎（布隆迪法郎）	1964	没有辅币		是
智利	比索	1975	100 分	是	是
中华人民共和国	元	1949	10 角 =100 分	是	是
哥斯达黎加	哥斯达黎加科朗	1896	100 分	是	是
丹麦	丹麦克朗		100 欧尔	是	是
德国（1945 年之前）	马克，自 1923 年使用地租马克，自 1925 年使用帝国马克	1873	100 芬尼	是	否
德国（1990 年之后）	德国马克，自 2002 年起使用欧元		100 芬尼	是	是
德意志联邦共和国	德国马克	1948	100 芬尼	是	否
德意志民主共和国	德国马克，自 1964 年使用德国国家银行马克，自 1968 年使用德意志民主共和国马克	1949	100 芬尼	是	否

（续表）

国家和地区	货币	始自	货币面额	纪念币	金币
厄瓜多尔	苏克雷（比索），自2000年以来使用美元	1884	10十分，100分 25苏克雷=1神鹰金币	是	是
萨尔瓦多	科朗，自2001年起使用美元	1919	100分	是	是
科特迪瓦	非洲法郎（非洲金融共同体法郎）	1945	100生丁	是	是
厄立特里亚	纳克法（此前使用埃塞俄比亚元/比尔）	1997	100分（生丁）	是	是
爱沙尼亚	爱沙尼亚克朗，自2011年起使用欧元	1928—1940，1992	100分	是	是
法罗群岛	同丹麦货币				
芬兰	芬兰马克，自2002年起使用欧元	1860	100盆尼	是	是
法国	法郎，自2002年起使用欧元	1795	100生丁	是	是
加蓬	非洲法郎	1945	100生丁	是	是
冈比亚	达拉西	1971	100布图斯 100达拉西=凯美， 1000达拉西=乌厘	是	是

（续表）

国家和地区	货币	始自	货币面额	纪念币	金币
格鲁吉亚	拉里	1995	100 特瑞	是	是
加纳	塞地	1965	100 比塞瓦	是	是
希腊	德拉克马，自 2002 年起使用欧元	1833	100 雷普塔	是	是
英国	英镑	1971	100 便士	是	是
危地马拉	格查尔	1924	100 分	是	否
圭亚那	圭亚那元	1965	100 分	是	是
几内亚（比绍）	几内亚比索（此前为几内亚埃斯库多）	1976	100 分	是	否
几内亚（科纳克里）	几内亚法郎	1986	没有辅币	是	是
海地	古德		100 生丁	是	是
洪都拉斯	伦皮拉	1926	100 分	是	是
中国香港	港币（元）	1902	100 分（仙）	是	是
印度	卢比	1964	100 十万派沙 = 100000 百万卢比 =10000000 卢比	是	否
印度尼西亚	印尼卢比	1949	100 仙	是	是
伊拉克	伊拉克第纳尔	1931	5 里亚尔 = 20 迪拉姆 =1000 费尔斯	是	是

（续表）

国家和地区	货币	始自	货币面额	纪念币	金币
伊朗	里亚尔	1932	100 金第纳尔 : 100 里亚尔 = 1 巴拉维 = 1 阿扎迪金币（自 1979 年起）	是	是
爱尔兰	爱尔兰镑，自 2002 年起使用欧元	1971	100 新便士	是	是
冰岛	冰岛克朗	1922	100 奥拉	是	是
以色列	谢克尔，自 1985 年起使用新谢克尔	1980	100 阿哥拉	是	是
意大利	里拉，自 2002 年起使用欧元	1946	没有辅币	是	是
牙买加	牙买加元	1969	100 分	是	是
日本	日元	1954	没有辅币	是	少量
也门	也门里亚尔	1990	100 费尔斯	少量	否
约旦	约旦第纳尔	1950	10 迪拉姆 =100 皮阿斯特 =1000 费尔斯	是	是
柬埔寨	瑞尔	1955	10 角 =100 仙	是	是
喀麦隆	法郎（非洲法郎）	1945	100 生丁	是	是
加拿大	加元	1858	100 分	是	是

（续表）

国家和地区	货币	始自	货币面额	纪念币	金币
哈萨克斯坦	坚戈	1993	100 泰因	是	是
卡塔尔	卡塔尔里亚尔	1973	100 迪拉姆	是	是
肯尼亚	肯镑	1966	20 肯尼亚先令 = 100 分	是	是
吉尔吉斯斯坦	索姆	1993	100 提因	是	是
哥伦比亚	比索	1872	100 分	是	是
刚果	法郎（非洲法郎）	1969	100 生丁	是	是
克罗地亚	库纳	1994	100 利帕	是	是
古巴	古巴比索		100 分	是	是
科威特	科威特第纳尔	1961	10 迪拉姆 =100 费尔斯	是	是
老挝	基普	1955	100 阿特	是	是
莱索托	洛蒂 / 马洛蒂（南非兰特）	1966	100 分	是	是
拉脱维亚	拉特，自 2014 年使用欧元	1993	100 拉分	是	是
黎巴嫩	里夫（黎巴嫩镑）	1925	100 皮阿斯特	是	是
利比里亚	利比里亚元		100 分	是	是
利比亚	利比亚第纳尔	1971	1000 迪拉姆	是	是
列支敦士登	瑞士法郎	1924	100 生丁	是	是

（续表）

国家和地区	货币	始自	货币面额	纪念币	金币
立陶宛	立特，自2015年使用欧元	1993	100立分	是	是
卢森堡	法郎，自2002年起使用欧元	1854	100生丁	是	是
马达加斯加	马达加斯加法郎	1963	没有辅币，5法郎=1阿里亚里	是	是
马拉维	克瓦查	1971	100坦巴拉	是	是
马来西亚	林吉特（马来西亚令吉）	1946	100仙（分）	是	是
马里	法郎（非洲法郎）		100生丁	是	是
马耳他	里拉，自2008年起使用欧元	1983	100分=1000米尔	是	是
马耳他骑士团	斯库多（马耳他勋章）		12塔里=240格拉尼	是	是
摩洛哥	迪拉姆	1959	100法郎，自1972年起为100分/生丁	是	是
毛里塔尼亚	乌吉亚	1973	没有辅币	是	是
毛里求斯	卢比	1934	100分	是	是
马其顿	狄纳里	1992	100德尼	是	是
墨西哥	比索	1861	10十分币=100分	是	是

（续表）

国家和地区	货币	始自	货币面额	纪念币	金币
摩尔多瓦	列伊	1993	100 巴尼	是	是
摩纳哥	法郎，自 2002 年起使用欧元		100 生丁	是	是
蒙古	图格里克	1924	100 蒙戈	是	是
莫桑比克	梅蒂卡尔	1980	100 分	是	否
缅甸	缅元	1952	100 缅分	是	是
纳米比亚	纳米比亚元	1990	100 分	是	是
尼泊尔	卢比	1903	2 莫哈尔 =100 派沙	是	是
新西兰	新西兰元	1967	100 分	是	是
尼加拉瓜	科多巴	1912	100 分	是	是
荷兰	荷兰盾，自 2002 年起使用欧元		100 分	是	是
尼日尔	法郎（非洲法郎）	1945	100 生丁	是	是
尼日利亚	奈拉	1973	100 考包	是	是
朝鲜	朝鲜圆	1948	100 钱	是	是
挪威	挪威克朗		100 欧尔	是	是
阿曼	里亚尔	1970	1000 派莎	是	是
奥地利	奥地利先令，自 2002 年起使用欧元	1925	100 格罗申	是	是

（续表）

国家和地区	货币	始自	货币面额	纪念币	金币
巴基斯坦	卢比	1961	100 派沙，自 2012 年以来没有辅币	是	是
巴拿马	巴波亚	1903	100 分	是	是
巴布亚新几内亚	基那	1975	100 托伊	是	是
巴拉圭	瓜拉尼	1943	100 分	是	是
秘鲁	新索尔	1991	100 分	是	是
菲律宾	比索	1967	100 分	是	是
波兰	兹罗提	1924	100 格罗希	是	是
葡萄牙	埃斯库多，自 2002 年起使用欧元	1911	100 分	是	是
卢旺达	法郎（卢旺达法郎）	1964	没有辅币	是	是
罗马尼亚	列伊	1867	100 巴尼	是	是
俄罗斯 / 苏联	卢布	1706	100 戈比	是	是
撒哈拉（西撒哈拉）	西撒哈拉比塞塔	1990	没有辅币	是	是
赞比亚	克瓦查	1968	100 恩韦	是	是
圣多明各	多米尼加比索	1937	100 分	是	是

（续表）

国家和地区	货币	始自	货币面额	纪念币	金币
沙特阿拉伯	沙特里亚尔	1959	20 库尔什 =100 哈拉拉	否	否
瑞典	瑞典克朗	1873	100 欧尔	是	是
瑞士	瑞士法郎	1798	100 生丁	是	是
塞尔维亚/南斯拉夫	第纳尔	1868	100 帕拉	是	是
塞拉利昂	利昂	1964	100 分 50 利昂 = 1 金币	是	是
津巴布韦	津巴布韦元	1980	100 分	否	否
新加坡	新加坡元	1976	100 分	是	是
斯洛伐克	斯洛伐克克朗，自 2009 年起使用欧元	1993	100 赫勒	是	是
斯洛文尼亚	托拉尔，自 2007 年使用欧元	1991	100 斯托蒂	是	是
索马里	索马里先令	1960	100 分	是	是
西班牙	比塞塔，自 2002 年起使用欧元	1868	100 分 =1000 厘，自 1984 年以来没有辅币	是	是
斯里兰卡	斯里兰卡卢比	1972	100 分	是	是
南非	兰特	1961	100 分	是	是

（续表）

国家和地区	货币	始自	货币面额	纪念币	金币
苏丹	新苏丹镑	2007	100 皮阿斯特 =1000 米利姆	是	是
韩国	韩元 / 圆（1953—1962 圜）	1948	100 钱	是	是
苏里南	苏里南古尔登，自 2004 年起使用苏里南元	1975	100 分	是	是
斯威士兰	里兰吉尼	1974	100 分	是	是
叙利亚	里拉 / 叙利亚镑	1944	100 库尔什 / 叙利亚皮阿斯特	否	否
塔吉克斯坦	索莫尼	2000	100 迪拉姆	是	否
塔希提岛	法郎（太平洋金融共同体法郎）	1945	100 生丁	是	否
中国台湾	元 / 台币	1949	10 角 = 100 分	是	是
坦桑尼亚	先令 / 坦桑尼亚先令	1966	100 分	是	是
泰国	泰铢		100 萨当，自 1958 年以来没有辅币	是	是
帝汶岛	卢比，自 2000 年起使用美元	1975	100 分 / 仙	否	否
多哥	法郎（非洲法郎）	1945	100 生丁	是	是
特立尼达和多巴哥	特立尼达和多巴哥元	1966	100 分	是	是

（续表）

国家和地区	货币	始自	货币面额	纪念币	金币
乍得	法郎（非洲法郎）	1958	100 生丁	是	是
捷克/捷克斯洛伐克	捷克克朗	1919	100 赫勒	是	是
突尼斯	突尼斯第纳尔	1958	1000 米利姆	是	是
土耳其	土耳其里拉	2009	100 库鲁	是	是
土库曼斯坦	马纳特	1993	100 坚戈	是	是
乌干达	乌干达先令	1966	100 分，自 1987 年以来没有辅币	是	是
乌克兰	格里夫纳	1996	100 戈比	是	是
匈牙利	福林	1946	100 菲勒	是	是
乌拉圭	乌拉圭比索	1993	100 分	是	是
美国	美元	1789	100 美分（面值分别为 25 美分、20 美分、5 美分、3 美分、1 美分） 鹰币 = 10 美元金币	是	是
乌兹别克斯坦	苏姆/索姆	1993	100 泰因	是	是
委内瑞拉	博利瓦	2008	100 分	是	是
越南	越南盾	1978	10 毫，自 2004 年以来没有辅币	是	是

（续表）

国家和地区	货币	始自	货币面额	纪念币	金币
白俄罗斯	白俄罗斯卢布	1993	100 戈比（停止铸造）	是	是
西非国家（法属西非）	法郎（非洲法郎）	1944—2005	100 生丁	是	是
扎伊尔	刚果法郎	1998	100 生丁	是	是
中非国家（法属赤道非洲）	法郎（非洲法郎）	1943—2006	100 生丁	是	否
塞浦路斯	里拉 / 塞浦路斯镑，自 2008 年起使用欧元	1983	100 分	是	是

参考书目

钱币学的文献涉及面很广，水平又参差不齐。由于在该领域还没有一个专门的文献书目索引，故本书主要参考了1980年以来的钱币学概述文献。与其他任何学科一样，钱币学的最高成就不在其概述文献中，而在其具体研究中。

早于1980年出版的文献请参阅克莱恩–斯特凡内利（涵盖范围广，有18311个书目介绍）和格里尔森（选择性地专注于重要书目并附有观点评述）的书目索引。若您想要更深入地了解钱币学，国际钱币学大会发表的内容多样又附有评论的书面报告（《钱币研究综述》，最近一期为2008—2014年，陶尔米纳，2015年）值得一读，该大会始于1960年，以六年一次的频率召开。

硬币既是钱币研究的对象，也是私人收藏的对象。钱币学的各种文献也体现了这一点。《硬币的世界》（由P.A.克莱顿编撰，慕尼黑，1972—1978年）这本硬币百科全书完美地平衡了研究与收藏这两种兴趣点，该书一共六册，各册分别涉及希腊硬币、罗马硬币、拜占庭硬币、中世纪硬币、近代硬币和现代硬币（参见上文）。此外，众多放大至两倍的硬币图像也带来了这样一种印象：硬币既有自身的艺术价值，又能给人以审美上的享受。

1. 通论类

文献书目索引

[1] 埃尔维拉·E. 克莱恩－斯特凡内利 . 钱币学书目索引 . 慕尼黑 : 1985.

[2] 菲利普·格里尔森 . 钱币学书目 . 布鲁塞尔 : 1979.

词典

[1] 米歇尔·阿曼德利（编著）. 钱币学词典 . 巴黎 :2001.

[2] 赫尔穆特·卡恩特 . 从 A 到 Z 的大型硬币词典 . 雷根斯陶夫 : 2005.

[3] 康拉德·克鲁兹 . 硬币的名称和由来——硬币名称的词源顺序概述 . 维也纳 : 2004.

[4] 蒂尔·克洛哈 . 钱币学大百科全书 . 居特斯洛 : 1997.

[5] 迈克尔·诺斯（出版者）. 从股票到关税——货币的历史词典 . 慕尼黑 : 1995.

[6] 弗里德里希•弗赖尔•冯•施罗特(编著).钱币学词典.与N.鲍尔、K.雷格林、A.苏勒、R.瓦斯默、J.威尔克合作完成，柏林/莱比锡：1930（无改动重印，柏林：1970）.

硬币史和货币史概述

[1] 约翰•F.乔恩.公元800年的货币史.伦敦：1994.

[2] 乔•克里布，巴里•库克，伊恩•卡拉迪斯.硬币图集——从最初到现在的硬币世界.伦敦：1990.

[3] 乔治•德佩罗.从起源到18世纪的货币历史.威特恩：1995—1996.

[4] 硬币和奖牌.100个主题——博德博物馆钱币陈列室的展览.慕尼黑等：2006.

[5] 迈克尔•诺斯.金钱及其历史——从中世纪到现在.慕尼黑：1994.

[6] 马丁•J.普莱斯（编著）：世界上的硬币——一本解读2500年货币史和文化史的手册.弗赖堡/巴塞尔/维也纳：1981.

[7] 沃尔夫勒姆•魏玛.货币史.美茵河畔法兰克福/莱比锡：1992.

[8] 乔纳森•威廉姆斯（编著）.货币——一段历史.伦敦：1997.

钱币学

[1] 埃尔维拉 • E. 克莱恩 – 斯特凡内利 . 钱币学，一段古老的历史——钱币学历史研究 . 华盛顿 : 1965.
[2] 罗伯特 • 哥布 . 钱币学——概论与知识体系 . 慕尼黑 : 1987.
[3] 菲利普 • 格里尔森 . 钱币学 . 牛津 : 1975.
[4] 尼克洛特 • 克鲁森多夫 . 钱币研究基本知识 . 汉诺威 : 2009.

硬币工艺

[1] 丹尼斯 •R. 库珀 . 造币的艺术和工艺——铸造技术史 . 伦敦 :1988.
[2] 彼得 • 哈默 . 金属与硬币 . 莱比锡 / 斯图加特 : 1993.
[3] 霍尔格 • R. 梅丁 . 硬币的制造——从中世纪的手工打造到现代的制造工艺 . 美茵河畔法兰克福 : 2006.

2. 专门类

泛古希腊罗马地区

[1] 卡尔 • 克里斯 . 古希腊罗马钱币学 . 达姆施塔特 : 1991.
[2] 罗伯特 • 哥布 . 古希腊罗马钱币学第 2 卷 . 慕尼黑 : 1978.
[3] 克里斯托弗 • 豪格戈 . 古希腊罗马世界的货币 . 达姆施塔特 : 2011.
[4] 玛丽亚 • 拉德诺蒂 – 阿尔福迪 . 古代钱币学 . 第一部分 : 理论与

实践，第二部分：书目索引 . 美因茨：1978.

[5] 威廉 • E. 梅特卡夫（编著）. 牛津系列手册——希腊和罗马的硬币铸造 . 牛津：2012.

希腊

[1] 伊恩 • 卡拉迪斯，马丁 • 普莱斯 . 希腊世界的造币 . 伦敦：1988.

[2] 彼得 • 罗伯特 • 弗兰克，马克斯 • 赫默 . 希腊硬币 . 慕尼黑：1964.

[3] 吉尔伯特 • 肯尼斯 • 詹金斯，哈拉德 • 库斯曼 . 希腊人的硬币（世界硬币 1）. 慕尼黑：1972.

罗马

[1] 安德鲁 • 伯内特 . 罗马世界造币 . 伦敦 :1987.

[2] 肯尼思 • 布切尔 . 罗马各省铸币——希腊帝国简介 . 伦敦：1988.

[3] 迈克尔 • H. 克劳福德 . 罗马共和国铸币第 2 卷 . 剑桥：1974.

[4] 约翰 • P. C. 肯特，伯恩哈德 • 奥弗贝克，阿明 • U. 史迪洛 . 罗马铸币 . 慕尼黑 :1973.

[5] 罗马帝国造币（RIC）. 第 1 至 10 卷 . 伦敦：1923—1994.

[6] 罗马各省造币（RPC）. 第 1 卷 . 伦敦：1992 同上 . [作者注：《罗马帝国造币》的同类书籍——罗马各省造币的完整编目，目前

有第一、二、四、七卷，仅编纂完全公元前 44 年至公元 96 年的时间段]
[7] 卡罗尔 • H.W. 萨瑟兰 . 罗马人的硬币（世界硬币 2）. 慕尼黑 : 1974.

收藏目录

[1] 雷纳 • 阿尔伯特 . 罗马共和国的硬币 . 雷根斯塔夫 : 2011.
[2] 厄休拉 • 坎普曼 . 罗马帝国的硬币 . 雷根斯塔夫 : 2011.

凯尔特

[1] 达芙妮 • 纳什 . 凯尔特世界的铸币 . 伦敦 : 1987.
[2] 伯恩哈德 • 齐高斯 . 凯尔特人及其邻居的货币 . 慕尼黑 : 1994.

拜占庭

[1] 菲利普 • 格里尔森 . 拜占庭硬币 . 伦敦 / 洛杉矶 : 1982.
[2] 菲利普 • D. 惠廷 . 拜占庭的硬币（世界硬币 3）. 慕尼黑 : 1973.
[3] 安德烈亚斯 • 乌尔斯 • 索默 . 公元 491—1453 年拜占庭帝国的硬币 . 雷根斯塔夫 : 2010.

中世纪

[1] 亚瑟 • 恩格尔，雷蒙德 • 瑟雷 . 中世纪钱币论第 3 卷 . 巴黎：1891—1905（无改动重印，博洛尼亚 :196）.

[2] 菲利普 • 格里尔森 . 中世纪硬币（世界硬币 4）. 慕尼黑 : 1976.（新英文版 : 中世纪欧洲硬币 . 伦敦 :1991.）

[3] 菲利普 • 格里尔森，马克 • 布莱克本 . 中世纪的欧洲造币——附剑桥菲茨威廉博物馆的硬币目录 . 第 1 部分 : 中世纪早期（5 至 10 世纪）. 剑桥 : 1986.

[4] 伯德 • 克鲁格 . 中世纪的钱币学第 1 卷 : 中世纪钱币 . 柏林 / 维也纳 : 2007.

[5] 彼得 • 斯波弗德 . 中世纪欧洲的货币及其应用 . 剑桥 : 1988.

近代

[1] 西奥多 • 布特里 . 美洲的硬币 . 纽约 :1973.

[2] 埃尔维拉 •E. 克莱恩 – 斯特凡内利，弗拉基米尔 • 克莱恩 – 斯特凡内利 . 近代硬币（世界硬币 5）. 慕尼黑 : 1978.

[3] 亚瑟 • 恩格尔，雷蒙德 • 瑟雷 . 现当代钱币论第 2 卷 . 巴黎 : 1897—1899.

[4] 伯恩哈德 • 普罗基施 . 大约公元 1500—1990 年间有关欧洲铸币的基本数据 . 硬币情况、铸币权、造币厂、简要书目和排序尝试 . 维也纳 :1993.

[5] 近代欧洲铸币汇编 . 维也纳 : 1996 同上 . 迄今为止已经出版了以下卷 : 第 2 卷，德意志民族的神圣罗马帝国和后继国家 . 巴伐利亚国民议会 .1996；第 3 卷，德意志民族的神圣罗马帝国和后继国家 . 法兰克帝国议会；2004. 第 18 卷，东南欧 : 1999.

[6] 赫伯特 • 里特曼 . 现代硬币（世界硬币 6）. 慕尼黑 : 1974.

收藏目录

由克劳斯出版公司于艾奥瓦县（美国威斯康星州）出版的《世界硬币标准目录》（目前由 G. S. 库哈吉监制）是自 17 世纪以来流传最广且不断更新的世界硬币目录。巴滕伯格出版社出版的由君特 • 舍恩创立并几乎每年更新一次的德语版硬币目录与美国版相比也毫不逊色。

[1] 乔治 • S. 库哈吉（编著）. 世界硬币标准目录 . 各卷分别是 : 1601—1700 卷 : 2014；1701—1800 卷 : 2014；1801—1900 卷 : 2016；1901—2000 卷 : 2015; 2001—今天卷 : 2015.

[2] 君特 • 舍恩，赫尔穆特 • 卡恩特 .19 世纪世界硬币标准目录 1801—1900 年 . 2016.

格哈德 • 舍恩 .20 世纪世界硬币标准目录 1900—2000 年 . 2016.

塞巴斯蒂安 • 克雷默 .21 世纪世界硬币标准目录 2000—2015 年 . 2016.

[3] 格哈德 • 舍恩 .1999—2015 年欧洲货币联盟的硬币 . 2015.

[4] 罗伯特 • 弗里德伯格，艾拉 • S. 弗里德伯格 . 世界上的金币——从远古时代到现在 . 2009.

东方国家

[1] 迈克尔 • 布鲁姆 . 伊斯兰硬币手册 . 伦敦 :1985.

[2] 迈克尔 • 米切纳 . 东方硬币及其价值 . 第 1 部分 : 伊斯兰世界；第 2 部分：公元前 600—公元 600 年的古代和古典世界；第 3 部分：公元 600—1979 年的非伊斯兰国家和西方殖民地 . 伦敦：1977—1979.

[3] 理查德 •J. 普兰特 . 阿拉伯硬币和辨读它们的方法 . 伦敦 : 1980.

[4] 安东 • 舍恩德林格 . 奥斯曼钱币学——从奥斯曼帝国的起源到 1922 年的瓦解 . 不伦瑞克 :1973.

德国

更多关于德国各联邦州的参考文献此处未详细列举。

[1] 伯德 • 克鲁格 . 从加洛林时代晚期到萨利安王朝末期（大约公元 900—1125 年）的德意志硬币史 . 锡格马林根 : 1991.

[2] 赫伯特 • 里特曼 .1914 年以来的德国货币历史 . 慕尼黑 :1986.

[3] 赫伯特 • 里特曼 . 1914 年之前的德国硬币和货币史 . 索林根 : 2003.

[4] 伯恩德 • 斯潘纳 . 德国人的货币——从最初到现在的德国货币

史 . 帕德博恩 : 2002.

[5] 沃尔夫冈 • 特拉普，托斯坦 • 弗里德 . 德国硬币和货币手册 . 斯图加特 : 2006.

德国的硬币目录

[1] 道格拉斯 • N. 尼科尔，乔治 • S. 库哈吉（编著）.1501 年至今的德国硬币标准目录 . 艾奥瓦县（威斯康星州）: 2014.

[2] 君特 • 舍恩，格哈德 • 舍恩 .18 世纪德国硬币标准目录 1700—1806 年 . 雷根斯陶夫 : 2008.

[3] 保罗 • 阿诺德，卡尔 • 库斯曼，德克 • 斯坦希尔伯，迪特尔 • 法斯宾德 . 1800 年至今的大型德国硬币目录 . 雷根斯陶夫 : 2016.

[4] 库尔特 • 耶格尔，迈克尔 • 科特 • 桑塔格 .1871 年以来的德国硬币 . 雷根斯陶夫 : 2016.

硬币图录

1. 希腊硬币（公元前 7 至前 5 世纪）

1. 吕底亚王国（小亚细亚），1/3 琥珀金斯塔特币（特里特），公元前 7 世纪下半叶，编号 18202879。

2. 吕底亚斯塔特金币（克罗伊斯币），约公元前 610—前 560 年，编号 18202886。

3. 波斯斯塔特金币（大流克），约公元前 500—前 350 年，编号 18202620。

4. 基齐库斯，琥珀金斯塔特币，约公元前 500—前 480 年，编号 18203041。

5. 埃伊纳，斯塔特银币，约公元前 560—前 500 年，编号 18203052。

6. 雅典，4 德拉克马银币，约公元前 450—前 400 年，编号 18214973。

7. 科林斯，斯塔特银币，约公元前510—前480年，编号18203388。

8. 波塞冬尼亚（意大利半岛南部），凹版斯塔特银币，约公元前525—前500年，编号8215996。

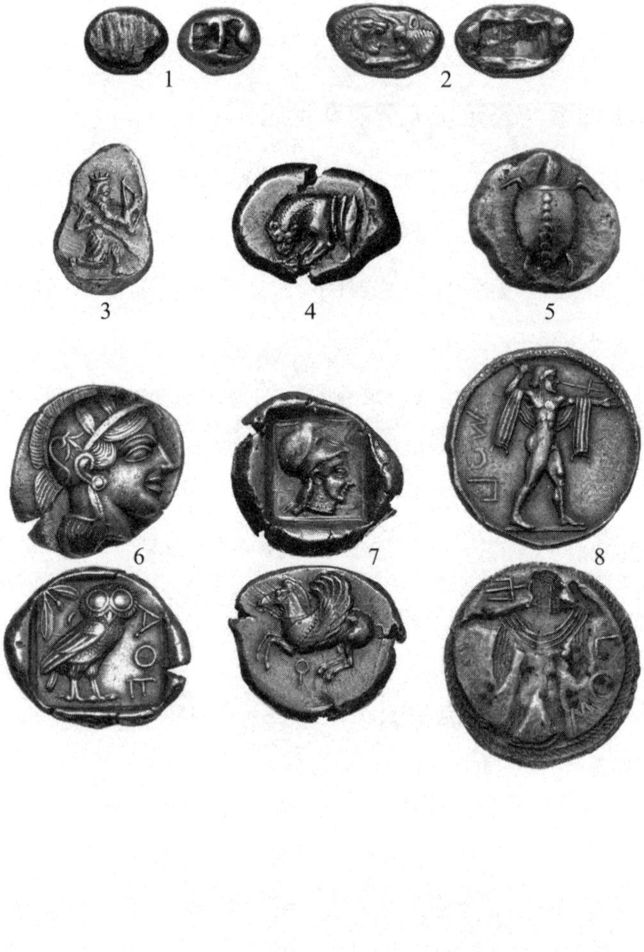

2. 希腊硬币（公元前 5 至前 4 世纪）

9. 阿肯索斯（马其顿），4 德拉克马银币（带有验纯印痕），公元前 500—前 480 年，编号 18200826。

10. 叙拉古，10 德拉克马银币（德马雷蒂翁币），约公元前 465 年，编号 18200827；

11. 迦太基（西西里造币厂？），4 德拉克马银币，公元前 425—前 406 年，编号 18206034。

9

11

12

10

13

14

12. 迦勒底同盟，奥林斯，4 德拉克马银币，约公元前 392—前 383 年，编号 18216681。

13. 亚历山大大帝时代，斯塔特金币，阿拉多斯，公元前 328—前 320 年，编号 18202957。

14. 亚历山大大帝时代，4 德拉克马银币，孟斐斯，公元前 332—前 323 年，编号 18202968。

3. 希腊、凯尔特、罗马共和国的硬币（公元前 3 至前 1 世纪）

15. 帕加马，4 德拉克马蛇篮币，约公元前 166—前 160 年，编号 18204205。

16. 埃及，托勒密一世时代（公元前 305—前 282 年），4 德拉克马银币，编号 18203061。

17. 雅典，“新式”4 德拉克马银币，约公元前 170/160—前 150 年，编号 18204000。

18. 凯尔特，斯塔特金币（彩虹碗金币），公元前 1 世纪，编号 18204958。

19. 罗马，阿斯重铜币，以塞克斯坦为基准的阿斯，公元前 3 世纪末，编号 18201125。

20. 罗马，2 德拉克马银币，公元前 269—前 266 年，编号 18200982。

21. 罗马，面值 60 阿斯的金币，约公元前 211 年，编号 18200936。

22. 罗马，面值 10 阿斯的狄纳里银币，公元前 211 年之后，编号 18201257。

23. 罗马，制币官马可斯·朱尼厄斯·布鲁图斯在 3 月 15 日刺杀恺撒出逃后所制的狄纳里纪念币，币图上 EID MAR 的意思是 3 月 15 日，即罗马公元前 44 年 3 月 15 日，公元前 43—前 42 年，编号 182021989。

4. 罗马的帝国造币（公元前1世纪至公元5世纪）

24. 奥古斯都时代，奥流斯金币，公元前8年，编号18202573。

25. 奥古斯都时代，狄纳里银币，公元前29—前27年，编号18202361。

26. 尼禄时代，赛斯特提铜币，约公元65年，编号18200248。

27. 图密善时代，阿斯铜币，约公元85年，编号18200506。

28. 克劳狄一世时代，夸德伦铜币，约公元41年，编号18200482。

29. 卡拉卡拉时代，安敦尼银币，公元215—217年，编号18200430。

30. 君士坦丁二世时代，米利亚伦斯银币，公元337—361年，编号1820126。

31. 君士坦丁一世时代，富利铜币，公元321—323年，编号18201170。

32. 洪诺留时代，索利多金币，公元420—422年，编号18200316。

33. 君士坦丁二世时代，塞米斯金币，公元345—350年，编号18200794。

34. 弗拉维乌斯·维克托时代，屈莱恩币，公元387—388年，编号18201285。

24

25

26

27

28

29

30

31

32

33

34

5. 罗马的地方造币、纪念币、帕提亚币、萨珊币（公元1至5世纪）

35. 埃及，罗马皇帝哈德良时代，德拉克马银币，公元 133—134 年，编号 18201166。

36. 帕加马城（小亚细亚），币图为帕加马祭坛的大青铜币，公元 193—211 年，编号 18200904。

37. 君士坦丁二世时代，面值为 9 索利多的金质奖章，币图为凯旋战车上的皇帝，公元 348 年，编号 18200511。

35

36

37

38

39

38. 帕提亚王朝，戈塔泽斯二世，4 德拉克马银币，公元 47 年，编号 18202718。

39. 萨珊王朝，沙普尔一世，德拉克马银币，公元 260—272 年，编号 18204225。

6. 从古典时代晚期到中世纪早期（公元 5 至 8 世纪）

在北非的汪达尔人：

40. 古萨蒙德（公元 484—496 年），100 狄纳里银币，编号 18201514。

41.12 纽姆斯，公元 490 年起，编号 18201525。

在意大利的东哥特人：

42. 狄奥多里克（公元 493—526 年），索利多金币，编号 18201431。

43. 狄奥达阿德（公元 534—536 年），富利铜币，编号 18201447。

44. 巴杜伊拉（公元 541—552 年），半西利克银币，编号 18201444。

在意大利的伦巴第人：

45. 库宁克佩特（公元 689—701 年），屈莱恩币，编号 18201560。

在高卢的西哥特人：

46. 伪帝国索利多金币，公元 5 世纪，编号 18206271。

在西班牙的西哥特人：

47. 利奥维吉尔德（公元 572—586 年），屈莱恩币，编号 18206275。

墨洛温王朝：

48. 提乌德贝尔特一世（公元 533—547 年），索利多金币，编号 18202273。

49. 达戈贝尔特一世（公元 613/631—639 年），索利多金币，马赛，埃利古斯造币，编号 18202291。

50. 梅斯王国，提乌德勒努斯造币，屈莱恩币，编号 18202308。

51. 王宫长官埃布罗因（卒于公元 680/683 年），狄纳里银币，编号 18202329。

7. 狄纳里／芬尼的时代（公元 8 至 13 世纪）

52. 查理曼大帝（公元 768—814 年），查理曼新式狄纳里，自公元 793/94 年起，编号 18202708。

53. 查理曼大帝，肖像狄纳里，公元 813/814 年，编号 18202748。

54. 虔诚者路易（公元 814—840 年），索利多金币，编号 18202824。

55. 虔诚者路易，奥波尔，编号 18202822。

56. 秃头查理（公元 840—876 年），铸有“蒙上帝之恩而为王”币文的狄纳里，公元 864 年后，编号 18202878。

57. 神圣罗马帝国，奥托－阿德尔海德芬尼，自公元 984 起，编号 18202374。

58. 戈斯拉尔，狄纳里，公元 1106—1111 年，编号 18202389。

59. 哈尔伯施塔特，布莱克梯特硬币，约公元 1170 年，编号 18201076。

60. 施韦比施哈尔，约公元 1190 年起的赫勒硬币，编号 18219054。

61. 法国，图尔诺易斯狄纳里，公元 1180—1223 年，编号 18205214；

62. 英格兰，短十字英镑，公元 1180—1249 年，编号 18202975；

8. 中世纪晚期（公元 13 至 15 世纪）：银币（格罗申）

63. 威尼斯，玛塔潘币，公元 1194—1205 年，编号 18204385。

64. 蒂罗尔州，克莱采币，自公元 1274/1275 年起，编号 18206089。

65. 那不勒斯，吉里亚图银币，公元 1303—1309 年，编号 18205986。

66. 法国，图尔诺易斯格罗斯，自公元 1266 年起，编号 18205217。

67. 波希米亚，布拉格格罗申，自公元 1300 年起，编号 18214104。

68. 带有哥廷根盖印的布拉格格罗申，公元 15 世纪，编号 18215503。

69. 汉堡，维特，自公元 1365 年起，编号 18238347。

70. 条顿骑士团勋章，先令，约自公元 1380 年起，编号 18206611。

71. 莱茵货币联盟，莱茵法尔兹，埃尔巴白硬币，公元 1420 年后，编号 18252410。

72. 马克勃兰登堡，凹陷的芬尼，公元15世纪，编号18206727。

73. 美因茨，空心环状赫勒，公元1419—1434年，编号18252411。

74. 萨尔茨韦德尔市（阿尔特马克县），凹陷的舍夫，编号18206728。

63 64 65 66 67 68 69 70 71 72 73 74

9. 中世纪晚期（公元 13 至 15 世纪）；金币

75. 西西里岛，腓特烈二世，奥古斯塔尔，自公元 1231 年起，编号 18204697。

76. 佛罗伦萨，弗罗林，自公元 1252 年起，编号 18205533。

77. 威尼斯，杜卡特金币，自公元 1284 年起，编号 18205535。

78. 美因茨，莱茵古尔登金币，公元 1385/1386 年，编号 18206130。

75

76

77

78

79

80

81

82

83

84

79. 法兰克福，金球古尔登，自公元1419年起，编号18206211。

80. 法国，金埃居，自公元1337年起，编号18205192。

81. 法国，骑马法郎，公元1360/1361年，编号18205198。

82. 英格兰，诺波尔，公元1351—1361年，编号18206616。

83. 匈牙利，古尔登金币/杜卡特金币，自公元1470年起，编号18206625。

84. 葡萄牙，克鲁扎多，公元1438—1481年，编号18205686。

10. 拜占庭与阿拉伯（公元6至12世纪）

拜占庭：

85. 查士丁尼一世，索利多金币，自公元542年起，编号18204090。

86. 米海尔三世，索利多金币，公元856—867年，编号18204108。

87. 希拉克略一世，富利铜币，公元618/619年，编号18204177。

88. 巴西尔二世和君士坦丁八世，米里亚伦斯银币，公元976—1025年，编号18204164。

89. 阿莱克修斯一世，赫帕派伦金币，公元1092—1118年，编号18204128。

85

86

87

88

89

90

91

92

93

阿拉伯：

90. 耶路撒冷，币图为哈里发肖像的法尔斯，约公元 670—685 年，编号 18204723。

91. 阿卜杜勒·马利克，迪拉姆，79 H （697/698），编号 18204491。

92. 哈伦·拉希德，第纳尔，174 H（790/91）. 编号18205161。

93. 埃及的法蒂玛王朝，第纳尔，368 H（975/976）. 编号18205185。

11. 欧洲近代金币

94. 葡萄牙，若昂五世，多布拉，公元1725年，编号18222040。

95. 英格兰，查理二世，5畿尼，公元1681年，编号18227426。

96. 法国，路易十四世，金路易，公元1643年，编号18201415。

97. 俄罗斯，彼得三世，½帝国铸币（5卢布），公元1762年，编号18203606。

98. 普鲁士，腓特烈二世，金腓特烈（5银塔勒），公元1765年，编号18219944。

99. 荷兰，杜卡特金币，公元1787年，编号18203582。

100. 英国，乔治四世，索维林（镑），公元1824年，编号18204858。

101. 法国，20法郎，公元1812年（拿破仑金币），编号18227366。

102. 普鲁士，克朗，公元1858年，编号18213836。

103. 德意志第二帝国，20马克，公元1914年，编号18203928。

94

95

96

97

98

99

100

101

102

103

12. 欧洲的塔勒硬币（公元 15 至 17 世纪）

104. 蒂罗尔州，硬币推行者西格蒙德，古尔迪尼尔，公元 1486 年，编号 18204701。

105. 约阿希姆斯塔尔的施利克伯爵（波希米亚），约阿希姆斯塔勒，公元 1525 年，编号 18200819。

106. 英格兰，伊丽莎白一世，克朗，公元 1601 年，编号 18202237。

104

105

106

107

108

107. 阿尔布雷希特·冯·瓦伦斯坦，塔勒，公元 1629 年，编号 18224825。

108. 勃兰登堡—普鲁士，塔勒，公元 1641 年，带有公元 1655 年的俄罗斯盖印（耶菲莫克），编号 18200818。

13. 欧洲的塔勒硬币（公元 18 至 19 世纪）

109. 奥地利，玛丽娅·特蕾莎塔勒银币，公元 1780 年，编号 18217751。

110. 普鲁士，腓特烈大帝，普鲁士帝国塔勒，公元 1786 年，编号 18205929。

109

110

111

112

113

114

111. 法国，埃居（阔叶塔勒），公元 1788 年，编号 18201412。

112. 英国，克朗（皮斯特鲁奇克朗），公元 1822 年，编号 18204746。

113. 普鲁士，联盟塔勒，公元 1849 年，编号 18205960。

114. 俄罗斯，卢布，公元 1852 年，编号 18201562。

14. 美洲地区

115. 西班牙 / 秘鲁，8 里亚尔银币（块钱，海运皮阿斯特），编号 18252636。

116 西班牙 / 墨西哥，8 里亚尔银币，公元 1739 年（双柱皮阿斯特、双柱银元），编号 18203951。

117. 玻利维亚，8 斯库多，公元 1841 年，编号 18252637。

118. 智利，比索，公元 1910 年，编号 18200811。

119. 美国，美元银币，公元 1795 年，编号 18203917。

120. 美国，10 美元金币（“鹰”币），公元 1850 年，编号 18203913。

121. 美国，美分，公元 1864 年，编号 18203925。

115

116

117

118

119

120

121

15. 非洲、近东和中东地区

122. 阿克苏姆帝国，阿非拉斯国王，金币，公元 4 世纪初，编号 18262627。

123. 埃塞俄比亚，比尔 / 塔勒罗，公元 1895 年，编号 18205424。

124. 德属东非，15 卢比，公元 1915 年，编号 18252626。

125. 奥斯曼帝国，穆罕默德四世（公元 1648—1687 年），阿尔通金币，编号 18252628。

126. 奥斯曼帝国，穆斯塔法三世（公元 1757—1774 年），泽尔马布金币，编号 18252629。

127. 奥斯曼帝国，穆斯塔法三世，皮阿斯特，编号 18252630。

128. 奥斯曼帝国 / 埃及，穆罕默德五世（公元 1909—1914 年），5 齐尔什 /5 皮阿斯特，编号 18252631。

129. 波斯，纳迪尔沙（公元 1736—1747 年），卢比 /10 沙希银币，编号 18252632。

130. 波斯，纳赛尔丁·沙，克朗 /1000 第纳尔，1296 H（1879），编号 18252633。

16. 远东地区

131. 印度—巴克特里亚，贵霜帝国，金币，约公元 195—225 年，编号 18206949。

132. 印度，莫卧儿帝国，贾汉吉尔，卢比（黄道图币），公元 1618 年，编号 18248193。

133. 东印度公司，2 莫赫尔金币，公元 1835 年，编号 18205473。

134. 中国，明代，第 14 任皇帝明神宗（公元 1573—1620 年），孔方圆钱，编号 18252634。

135. 中国，西班牙皮阿斯特，公元 1811 年，带有中国戳记，编号 18205678。

136. 爪哇岛，荷兰东印度公司，2 杜卡特金币，公元 1747 年，编号 18221952。

137. 日本，日元，公元 1882 年，编号 18205470。

131

132

133

134

135

136

137

17.20 世纪的德国——马克

138. 德意志第二帝国，3 马克，公元 1910 年，编号 18200046。

139. 魏玛共和国，3 帝国马克，公元 1927 年，编号 18200117。

140. 德意志第三帝国，1 帝国马克，公元 1939 年，编号 18252635。

141. 德意志民主共和国（东德），1 德国马克，公元 1956 年，编号 18220349。

142. 德意志联邦共和国（西德），1 德国马克，公元 1957 年，编号 18220356。

143. 德意志联邦共和国（西德），5 德国马克，公元 1974 年，编号 18216603。

144. 德意志民主共和国（东德），5 马克，公元 1983 年，编号 18208602。

145. 德国，10 德国马克，公元 1998 年，50 周年德国马克纪念币，编号 18203946。

138

139

140

141

142

143

144

145

18. 现代纪念币和投资金币

纪念币：

146. 德国，10 欧元，公元 2010 年，两德统一 20 周年纪念币，编号 18225978。

147. 德国，公元 2002 年发行的 200 欧元流通初版硬币，编号 18200037。

1 盎司纯金的投资金币：

148. 南非，克留格尔金币（始自公元 1967 年）。

149. 加拿大，50 美元枫叶纪念币（始自公元 1979 年）。

150. 中国，熊猫纪念币（自公元 1982 年起面值为 100 元，自公元 2001 年起面值为 500 元）。

151. 奥地利，维也纳爱乐乐团纪念币（自公元 1989 年起面值为 2000 先令，自公元 2002 年起面值为 100 欧元）。

146

147

148

149

150

151

斯坦威人文历史书目

《法国之魂》

作者：[法]阿涅丝•普瓦里耶　**书号**：ISBN 978-7-5057-5018-0

译者：张恒杰　**定价**：58.00元

内容简介：

作者从大火之夜开始，带我们重新经历了巴黎圣母院历史上的各个决定性时刻。从1163年的角石铺设开始，亨利四世与天主教的恩怨；拿破仑的加冕典礼；维克多·雨果19世纪保存大教堂的运动；奥斯曼男爵的巴黎重建计划；经典电影《巴黎圣母院》；戴高乐的感恩庆典；等等。

《世界文明5000年》

作者：[英]艾玛•玛丽奥特　**书号**：ISBN 978-7-5057-5052-4

译者：陶尚芸　**定价**：42.00元

内容简介：

本书以时间和空间为线索，精妙串起了世界文明5000年，为读者展现了从公元3500年前美索不达米亚平原的两河流域文明，至20世纪“二战”结束时的世界发展轨迹。从亚历山大大帝到希特勒，从迦太基共和国的兴亡到阿拉伯王朝的兴起，从唐朝的繁盛到美国南北战争，通过本书，读者可以构建一幅架构清晰的脑内世界文明索引图。

《大英帝国与第一次世界大战》

作者：[英] 戴维·雷诺兹　　**书号**：ISBN 978-7-5057-4627-5

译者：徐萍　高连兴　　**定价**：128.00 元

内容简介：

《大英帝国与第一次世界大战》是一本既关注逝者又关注现实的历史巨作。剑桥大学历史学教授戴维·雷诺兹以其深厚的历史积淀，把英国人在“一战”中的经历放在当时的国际背景下进行分析，充满热情地向读者讲述了第一次世界大战对 20 世纪乃至现代社会在政治、经济、艺术和文学等方面的深刻影响。作者以平实而幽默的笔触讲述了“一战”的“另一面”，挑战了传统观点，为读者呈现了一个全新的大英帝国。全书框架宏大，却充满了生动的细节描写。

《大英帝国的崛起与衰落》

作者：[英] 劳伦斯·詹姆斯　　**书号**：ISBN 978-7-5057-4069-3

译者：张子悦　解永春　　**定价**：138.00 元

内容简介：

《大英帝国的崛起与衰落》是一次对大英帝国历史的全景展示。时间跨度从伊丽莎白时代开始，一直至20世纪晚期。全书引人入胜、发人深省，从中我们不仅能重温日不落帝国的兴衰光影，而且能深刻洞悉世界历史的发展走向。

《维京时代与英格兰》

作者：[英] 埃莉诺·帕克　　**书号**：ISBN 978-7-5057-5013-5

译者：王文倩　　**定价**：68.00 元

内容简介：

维京海盗常常以残暴、血腥、神秘的形象出现在各种传说和故事中，但他们的真实面目我们不得而知。本书从离奇的神话和传说出发，解析虚构的故事，揭秘真实的历史，抛开约定俗成的大众认知，为我们描绘出一幅不同以往的“维京海盗”画像。书中也向我们展示了维京文化是如何穿越漫长的时间，对今日世界产生巨大影响的。

《亨利八世与都铎王朝》

作者：[英] 约翰·马图夏克　　**书号**：ISBN 978-7-5057-4880-4

译者：王扬　　**定价**：88.00 元

内容简介：

都铎王朝是英国君主专制历史上的黄金时期。作为都铎王朝的第二任君主，亨利八世本人和这个王朝一样充满传奇色彩。他的个性、信念、充满矛盾的行为，乃至他的六段婚姻，无不与都铎王朝的未来走向息息相关。在《亨利八世与都铎王朝》中，都铎王朝历史学家约翰·马图夏克（John Matusiak）挑战了旧有假设，对亨利八世和他统治时期的都铎王朝进行了全新的诠释和开创性的研究。他和他的王朝，在书中都有着丰富而立体的呈现。

《1924：改变希特勒命运的一年》

作者：[美] 彼得 • 罗斯 • 兰奇　**书号**：ISBN 978-7-5057-4426-4

译者：杨献军　**定价**：78.00 元

内容简介：

希特勒是如何实现上位的？上台后为何手段如此残暴？为什么会成为后来令人闻风丧胆的"杀人狂魔"？这一切都要追溯到 1924 年。

在这本书中，彼得 • 罗斯 • 兰奇尽可能丰富地描述了 1924 年的故事和场景，这对我们理解战争狂人希特勒、他的作品和他后来种种残忍行径是至关重要的。

《希特勒最后的阴谋》

作者：[英] 伊恩 • 塞耶，[英] 杰里米 • 德龙菲尔德

译者：郭雨菲　**书号**：ISBN 978-7-5057-4980-1

定价：88.00 元

内容简介：

1945 年 4 月，由于德国面临失败，希特勒把第三帝国最有价值的囚犯集结起来，将他们作为人质；并命令如果军事局势恶化，将处决全部 139 名囚犯。于是一场紧张而致命的行动开始了。各方势力盘根错节，在明暗之间进行着激烈的博弈。

本书首次披露了许多未经发表和曾被忽视的信息，综合许多碎片信息，逐渐拼出了这个"二战"中令世人震惊的故事。